공학도가 만난 하나님

공학도가
만난
하나님

김동일 지음

서문

서당 개 3년이면 풍월을 읊는다고 했다. 공학에 입문한 지 어언 45년, 거의 반백 년 동안 직업으로 삼아왔지만 아직도 뉴턴이 말한 것처럼 모래사장의 조개껍데기를 줍고 있는 소년 같다.

공학에서 제일 어려운 부분은 현실에 존재하는 모델을 끌어내는 것이다. 마이크로프로세스를 만들든 마천루를 짓든 공학도는 과학과 현실을 접목하는 마술사이다.

물론 정형화된 세계를 설계하는 것은 기계화되어 버리면 학문의 가치가 왜소해지지만, 문제가 새롭게 던져지면 공학도 예술이 되어서 창의력이 요구된다. 그리고 한 문제가 정복되어 정형화되면 인간이 마치 과학이나 공학을 정복하는 것 같지만 여기서 또 다른 문제가 발생해 과학도나 공학도를 책상 앞에서 골똘하게 만든다. 마치 변이바이러스가 계속 만들어지는 것처럼……

미적분학이 싫어서 공학을 떠나고자 하였지만, 대수학과 위상수학이 기다리는 전산학의 말뚝 아래서 벗어날 수 없음을 알고 나의 DNA를 찾아 나선 젊은 날을 회상하면 웃음이 나온다. 그러나 나름의 수확은 전공을 찾아 허우적거리는 학생들에게 본드처럼 강력한 조언을 해주어 그들의 삶에 에너지가 넘치게 해준 보람이 있었다.

그리고 보이지 않는 우연의 세계를 신봉하고 있단 사실을 너무나 당연하게 여겨왔던 어린 시절과 학창 시절. 찰스 다윈의 《종의 기원》의 신봉자로 살아온 과거가 시간이 갈수록 원망스럽고 건조하게 느껴진다.

오늘도 사막의 길을 걷고 있는 인생들에게 사랑의 오아시스가 넘치는 삶을 증언하고자 한다.

개인 간증집에 가깝다 보니 이번 책에서는 고마움도 혈연과 지연에 국한했다.

추천사를 써주신 파송교회 담임목사이신 손민석 목사님과 올란도 새길교회 담임목사이신 황용기 목사님께 감사드립니다. 나의 사랑하는 아내 목명순 사모를 보내주신 하나님께 깊이 감사드립니다. 늘 흔들릴 때마다 바른 선택을 하게 해준 귀한 배우자였음을 고백합니다. 우리 가정의 귀한 보배요 자랑인 장녀 지아 "세심하고 사랑스럽고 유머러스한 널 지켜보는 난 즐겁단다." 그리고 세상을 준다고 해도 바꿀 수 없는 둘째 지인 "아빠 엄마 마음을 미리 알고 일을 순식간에 해치우는 총명함으로 같이 있어서 얼마나 행복한지 몰라. 복덩이 그 자체지."
누님 매형, 고향을 지켜주셔서 감사합니다. 어려운 일이 있을 때마다 도움을 주시니 고맙습니다. 형님이 계시지 않는 빈자리를 지켜주신 형수님께 감사드립니다. 필요할 때마다 도움을 주신 처형과 동서 형님께 감사드립니다. 또한, 중국 갈 때마다 기쁨으로 잠자리 만들어주신 처남댁 그리고 처남 형님 감사합니다. 약과 의술로 섬겨준 처제와 동서께 감사함을 전합니다.
동원 동명 사촌형님께도 고향길에 풍성한 소식 감사드립니다.
50년 지기 친구이고 친척인 김판구 군께 참으로 반가움을 전합니다.

손민석 목사
(미국 플로리다주 게인스빌한인교회 담임목사)

이 책 원고의 중간 너머를 읽을 때, 거대한 산속에서 솟아난 아름다운 봉우리들 위에 올라선 느낌을 가졌습니다. 책의 각 장을 넘어갈 때마다 이 봉우리를 넘어 저 봉우리로 건너가며 복음의 거대한 산의 먼 치까지도 바라보게 하였습니다. 그때마다 무언가를 선명하게 보았다는 기쁨을 느꼈습니다.

고린도전서와 학개서와 베드로전서에 담긴 복음의 진리를 본 책의 각 장마다 저자의 성경적 안목으로 세상과 교회와 성도의 신앙에 조명하여, 겉으로만 보이는 탁한 피상적 베일을 시원하게 벗겨 주었습니다. 그리고 맑은 복음의 정수를 만나게 해주었습니다.

선교지에서 당하는 복음전파의 거센 장애 속에서도, 자신의 고질적인 병마와 치열하게 싸우는 중에도, 저자를 말씀의 진리에 그토록 몰두할 수 있게 하신 하나님의 은혜는 놀랍습니다. 그런데 그 귀한 은혜를 독자의 마음에까지 공명하게 한 저자의 저술은 고난과 질고를 뚫고 드러낸 생명의 꽃으로서 더욱 놀라운 은혜의 가치를 보게 해줍니다. 모든 열악의 조건을 딛고 은혜에 이처럼 열정적으로 반응하며 주님의 마음을 경이롭게 펼쳐낸 저자를 생각하면 은혜 위에 은혜를 고백하게 됩니다.

저자는 십수 년째 자기 몸을 가시 돋친 동아줄로 묶어 놓는 듯한 고통스러운 파킨슨병과 투병하고 있습니다. 그것이 몸의 움직임을 잔인하게 막을지라도, 말씀이 임한 영혼의 존재는 이렇게 자유로울 수 있고, 깊어질 수 있으며, 하늘의 승리를 이 땅에 선포하는 엄위로운 외침의 샘이 될 수 있음을 보게 합니다.

성경을 사모하는 분이라면 특별히 고린도전서, 학개서, 베드로전서를 읽을 때 이 책과 함께하시기를 적극 추천합니다. 시대는 다르지만, 말씀이 비추어지는 현장 속에서 무엇이 어그러졌고, 어떤 진리를 행해야 할지를 분명히 발견할 수 있을 것입니다. 그리고 그 진리는 어떤 상황 속에서도 하나님의 사람의 묵상을 통해서 밝혀진다는 사실을 무릎을 치며 알게 될 것입니다. 이 책은 세상과 교회를 새로운 눈으로 보게 해주어 주님의 새 창조의 역사에 충실한 등불의 역할을 감당할 것이라 확신합니다.

황용기 목사
(플로리다 올란도 새길교회 담임목사)

김 교수는 컴퓨터 엔지니어링 전공자입니다. 놀랍게도 글쓰기 재능이 그에게 있습니다. 사람을 따뜻하게 대하는 마음을 가졌습니다. 그래서 전에는 유머집을 펴낸 적이 있습니다. 아픈 몸이지만 사람들에게 다가가려는 저자의 열정에 놀라지 않을 수 없습니다. 그는 이번에는 말씀 묵상집을 펼쳐서 독자들과 소통합니다.

그는 경남 고성에서 태어나 자랐고 어릴 때 아버지를 따라 전남에서도 살았다고 밝혔습니다. 영호남을 두루 산 경험에서 얻은 배려와 우애를 책에 담았습니다. 회심한 크리스천으로서 본인 나름대로 읽은 성경을 독자들과 공유하겠다는 뜻입니다.

성경은 보편적으로 유익하다는 명제는 옳지만 다소 진부합니다. 하지만 이 책은 개별적 특수한 상황에 있는 저자 나름의 성경 이해입니다.

성경에 등장하는 헬라어, 히브리어 단어의 원래 뜻을 전달할 때도 있습니다. 하지만, 논쟁적이지 않습니다. 일반 크리스천의 눈높이로 정직하게 성경을 읽어 냅니다.

이런 취향을 공유하는 독자들과 기쁨으로 소통하리라 믿습니다.

목차

서문 · 4

추천사 1 · 6

추천사 2 · 8

전라도 땅에서의 삶 · 13

당숙모의 쌀밥 · 15

광주의 자랑 고 남철우 박사 · 16

방황의 경상도 땅 · 18

공학도가 만난 하나님 · 19

선교사로의 부름 · 25

멈추지 않으시는 하나님 · 27

반전의 하나님 · 30

시골에서 단련된 놀이 감각 · 34

잡초의 유익함 · 36

도마와 베드로 · 39

왜 우린 자유롭지 못한가? · 42

경쟁과 질투 · 46

아비와 스승 · 49

불의를 기뻐하지 않는 사랑 · 55

감사가 없는 이유 · 63

독신주의와 결혼 · 66

자존심 · 70

상급과 사랑 · 75

얼룩진 구원 · 79

무감각이 주는 비극 · 84

시험에 관하여 · 88

성찬식 · 97

신령한 은사 · 101

사랑 없는 삶 · 106

바뀐 우선순위 · 111

목회자의 재정 · 115

우상숭배의 숨은 진실 · 120

은사에 대한 태도 · 124

부활을 기다리는 신앙 · 127

죽음을 전제로 한 부활 · 131

부활의 진수 · 135

헌금과 연보의 양면성 · 139

성전재건 · 144

황폐한 성전 · 149

하나님이 바라시는 것 · 153

순종과 거룩 · 157

헛된 행실과 고귀한 피 · 162

스마트폰 신앙 · 167

상업성과 예술성 · 172

빛나는 별 · 177

나는 순례자인가? · 183

핍박이 축복으로 · 188

가정 속에 숨은 비밀 · 190

나의 행위와 하나님의 도우심 · 197

참진리로 가는 길 · 201

모국어와 외국어 · 206

본이 되는 권위자 · 211

긍정적 시각과 부정적 시각 · 217

복음의 생활화 · 223

안식일과 주일 · 227

창조주와 비밀번호 · 229

이 땅에 예수님과 우리가 온 이유 · 231

기독교의 진리 · 235

궤도 속에 숨은 하나님의 복 · 238

그릇된 시각 · 240

권력의 갑질 · 242

피신의 대상 · 245

극단적 선택 · 247

원숭이 복제 · 250

전라도 땅에서의 삶

사람들이 교회를 나가게 된 이유는 저마다 있겠지만 나 역시 평탄하지 않은 이유가 있었다. 정식으로 나가기까지는 몇십 년이 걸렸지만, 크리스천을 향한 호감은 어느 정도 있었다.

난 복음이 들어가기가 힘든 경상남도 고성에서 2남 1녀 중 막내로 태어났다. 형님과는 11살, 누님과는 9살 차이 나는 늦둥이로 태어나서 귀여움을 받고 자랐다. 거의 10년 동안의 일본 생활을 접고 귀국하신 아버님은 방황의 종지부를 찍으시고 작은할아버지 후광으로 임시직공무원으로 입사하셔서 경북 영천, 전남 광주, 전남 영암에서 근무하셨다. 그 때문에 나 역시 태어난 지 100일이 채 되지 않아서 고향을 떠나 경북 영천에 잠깐 머물렀다가 큰당숙과 작은할아버지가 계시는 전남 광주로 이사 가게 되었다.

전라도에서 어린 시절을 보내면서 가장 크게 기억나는 것은 학기 중에는 전라도에 있다가 방학이 되면 경상도 고향에 가는 일이었다. 고향에 도착하니 고향 친구들이 전라도 말씨가 신기하여 막 따라 하는 바람에 며칠 동안 두문불출했다가 자신감을 찾은 후에 어울려 놀 수 있었다.

그리하여 한 달을 실컷 놀다가 완전히 경상도쟁이가 되어서 전라도 땅을 밟고 들어서면 완전히 반대되는 차별을 받곤 하였다. 친구들이 대문 밖에서 "동일아 놀자"라고 크게 외치곤 하였는데 자꾸 같은 말을 반복하면서 하도 내 이름을 불러대자 "난 안 가끼다"라고 전라도 땅에서 경상도 말이 나도 모르게 튀어나왔다. 친구 녀석들은 낄낄거리며 놀려댔다.

난 이런 환경이 싫었지만 어쩔 수가 없었다. 쥐꼬리만 한 아버지 월급으로는 완전 자립이 되지 않아서 방학 중에 어머님께서 할아버지 농사일을 도와야 겨우 쌀 한 말을 챙겨올 수 있었다. 그 당시는 모두가 가난한 시절이었다. 그러나 작은할아버지는 군수로 지내시다가 박정희 정부 시절에 옷을 벗고 정·재계로 진출하셔서 부를 쌓으셨다.

큰당숙은 대한외과협회 협회장을 하실 정도로 유명인사셨다. 당숙은 6·25 사변 때 수없이 몰려드는 부상병을 치료하시면서 남다른 임상경험을 하셨다. 당숙모는 집안의 유일한 크리스천으로 구제에 능하신 분이셨다. 정기적으로 우리 가족을 돌보아주셨다. 온갖 대소사에 참여하시는 아버지의 친화력 덕도 결코 뺄 수 없는 힘이었다. 아버지께서 집안일을 자기 일처럼 해주신 덕분에 우리 집도 어려운 일이 있을 때마다 도움을 많이 받았다.

당숙모의 쌀밥

나는 경상도에서 태어났지만 어린 시절을 전라도 광주와 영암에서 보냈다. 어머님 말씀에 의하면 박정희와 김대중이 선거판에 등장하기 이전에는 지역감정이란 말 자체가 없었다고 하셨다.

광주시청 임시직공무원이셨던 아버지의 월급으로는 여느 집처럼 쌀을 사기 부족해서 우린 꽁보리밥을 먹어야 했다. 요즈음이야 보리밥이 별식이지만 보리밥이 주식이 되면 밥상을 아예 쳐다보기 싫을 정도로 껄끄러워 견디기 힘들었다.

당숙께서는 6·25 사변 중에 수많은 환자를 수술하신 대한민국 최고의 외과 의사에다가 전남의대 3대 천재이셨고 대한외과협회 회장을 하신 거물이었다. 독실한 기독교 신자이신 당숙모께서는 정기적으로 우리 집을 방문하셔서 금일봉과 함께 찬거리를 두고 가셨다.

문제는 당숙모께서 두고 가신 쌀이 하얀 밥이 되었을 때였다. 한 숟갈 퍼서 입에 들어가자 녹아버리는 그 맛에 길든 나의 입이 그냥 있을 리 없었다. "어머니, 우리도 저 하얀 쌀밥을 계속 먹으면 안 될까요?" 이 말이 어머님 가슴에 대못을 박는 말이라는 것을 먼 훗날 알게 되었다.

광주의 자랑 고 남철우 박사

내가 다섯 살 무렵에 뒤늦은 홍역을 앓게 되었다. 지금도 기억난다. 밤 중에 옷걸이에 걸어둔 옷이 유령이 되어 달려와서 내가 비명을 지르자 어머님께서 나를 꼭 껴안으시며 내 이마에 흐르는 식은땀을 수건으로 닦아 주셨다. 그러나 나의 신음이 점점 심해지자 어머님께서 나를 둘러업고 어디로 가셨다. 그곳은 병원이 아니라 남철우라는 의사의 개인 집이었다. 1960년대 당시 넘쳐나는 환자를 병원에서 도저히 감당할 수 없어 남철우 의사는 불법인 줄 알면서 체포될 각오로 자신의 집이 야간에는 병원이 되는 모험을 강행하셨다.

난 이미 고열에 식은땀은 물론이고 앓는 소리가 점점 커지고 있었다.
"K한테 와 안 가고 이리 왔는교" 하고 속삭이듯 안타까운 듯 남 박사 님은 말씀하셨다.

어머님인들 사촌시숙(K 박사)이 당대의 최고 명의인데 왜 그리로 가고 싶지 않으셨을까? 그러나 어머님께서는 왠지 남철우 박사님께 가면 마음 이 편하고 나을 것 같더라는 것이다. 그때가 새벽이었으니까, 요즘으로 따지면 남철우 박사님 집이 응급실이 된 셈이다.

이처럼 남철우 박사님은 비록 불법을 행하셨지만, 누구도 고발하지 않은 것은 물론이고 명의셔서 나처럼 대부분 그분께서 처방하신 약을 먹고 씻은 듯 나아서 집으로 돌아갔다고 어머님께서 증언하셨다.

남 박사님이 소천하시던 날 하늘도 아셨는지 이슬비가 내렸고 수를 알수 없는 장례 행렬이 광주시가를 메웠다. 그 행렬의 대부분은 헐벗고 가난한 사람들이었다. 어머님께서는 이분들이 흘리는 눈물을 닦아주는 삶을 사는 것이 바로 정의를 실천하는 것이라고 하셨다.

오늘 남 박사님을 그리면서 위기의 순간에 나를 찾아올 사람이 과연 몇 명이 될지를 생각하여보니 한없이 부끄러워진다. 남 박사님의 봉사와 희생정신은 오늘날 아주대학교 의과대학 외상센터의 이국종 교수님과 같이 히포크라테스의 정신을 이어가는 의사들을 통하여 맥맥하게 이어가고 있다.

방황의 경상도 땅

마산중과 마산고를 거쳐서 난 친구들을 배신하여 1차 대학에 운 좋게 합격하고 말았다. 그 당시 나의 친구들은 대부분이 공부를 싫어하고 술을 좋아하는지라 나의 하숙집이 불량의 온상이 되어서 라면을 끓여 먹어가면서 즐거운 나날을 보내고 있었다. 그러나 친구들은 1차 대학에서 모조리 낙방하고 대부분이 재수하러 서울로 올라갔다. 나만 합격하여 부산대에 다니게 되었다.

부산대에서는 여전히 정신 차리지 못하고 고등학교 동기생들과 어울려 다녔고 목표 없이 표류하는 난파선이 되어 억지로 대학을 다니고 있었다. 알고 보니 기계공학은 나에게 맞지 않은 전공이었다.

문제는 고등학교 때부터 시작했다. 학교를 명문대학 진학학원으로 전락시킨 고등학교 교사들은 문과 3반 이과 5반이던 2학년을 문과 2반 이과 6반으로 만든답시고 문과에서 성적이 좋은 학생을 이과로 전과하기 위한 프로젝트를 만들어서 설득작업에 들어갔다. 진학률에 미친 선생이 가득한 고등학교에서는 이과에서 문과로 바꾸는 일은 거의 불가능하였다. 왜냐하면, 문과에서 이과로 바꾸지 않는 학생에게는 폭력을 사용하여 강제적으로 전과를 시켰기 때문이다.

공학도가 만난 하나님

1992년 7월 어느 날 저녁 8시경 미국 플로리다 게인스빌(플로리다대학 소재) 우리 집 문을 두드리는 사람이 있었다. 그들은 당시 그 도시의 유일한 한인교회 전도팀의 일원이었다. 지금은 한동대학의 교수인 안경모 교수와 전자공학 박사학위 취득 후에 캘리포니아로 이사 간 A 박사가 학생 신분이었을 때 우리 집을 예고 없이 방문하였다.

난 그날 아내에게 운전을 가르쳐주면서 받은 스트레스가 덜 풀린 상태였는데 마침 "교회에서 나왔습니다"라고 하면서 잠시 시간을 내어달라고 하였다. 당시 난 교회를 나가지 않고 불신자 집단의 우두머리 역할을 하고 있었기에 처음 보는 이 낯선 이방인들에게 불같이 화를 내고 말았다.

"당신들 교회 다니는 사람들은 매너도 없소? 이렇게 늦은 시간에 예고 없이 방문하는 것이 제대로 정신 박힌 사람이 할 짓입니까?"

운전 가르치다가 받은 스트레스를 전도팀에게 화끈하게 풀고 말았다. 고함이 얼마나 컸던지 두 사람은 도망치듯 사라졌다.

그리고 보름이 지난 어느 저녁에 두 사람이 문을 두드렸다. 문을 열고 나가 보니 목사님과 학생이 문 앞에 서 있었다. 그날은 운전 연습도 없었고 목사님과 같이 오셨는데 차마 문전박대는 못 하고 들어오시라고 했다. 테이블을 사이에 두고 마주 보고 앉아서 나는 주로 학생이 이야기하는 것을 듣고 있었다. 무슨 말을 했는지는 하나도 기억나지 않지만, 그 학생이 자리를 뜨면서 책을 한 권 주고 간 것은 생생하다.

난 바빠서 그 책을 읽을 시간이 없다는 핑계로 아내에게 요약해 달라고 하고 잊어버리고 있었다.

그 이후 한 2주가 지난 어느 날 새벽 1시쯤 집에 들어왔다. 30분 정도 뉴스를 보고 잠을 청할 계획을 하였으나 그날따라 잠이 오질 않았다. 읽을거리를 찾았으나 소파 테이블이 깨끗하게 치워져 있었다. 그리고 그 소파 테이블에 책 한 권이 덜렁 놓여 있었다. 얼마 전에 교회 사람이 주고 간 책이었다.

난 투덜거리며 읽을거리를 다 치워버린 아내를 원망하며 소파 테이블 위에 놓인 그 유일한 책을 집어서 펼쳤다. "비밀경찰이다, 꼼짝 마라"로 시작하는 책이었다. 나는 탐정소설을 읽듯이 읽어갔다. 그 책은 멀린 R. 캐로더스 목사님이 쓰셨는데 제목은 《감옥생활에서 찬송생활로》였다.

캐로더스 목사님은 자극을 찾아 헤매던 젊은 시절 탈영병으로서 쫓기는 중에 조부모 집에 숨어 살다가 하루는 원하지도 않은 교회에 나가게 되었다. 그러다 하나님의 음성을 들은 뒤 찬송만 하면 아무리 어려운 상황에서도 기적적으로 해결되는 경험을 하게 된다.

여기서 난 의문을 품었다. '어떻게 죽은 하나님이 말씀을 할 수 있단 말인가? 말도 안 돼.'라고 의심하던 내가 '그것참 신기하네.'라고 생각이 변했다. 그리고 그런 깨달음이 엄습할 때마다 머리끝이 쭈뼛 서는 느낌을 받았다.

그때까지 난 종교를 인간이 약해질 때 이를 극복하기 위해서 스스로 만들어낸 심리적인 환각으로 여겨왔다. 그러나 이 책을 읽은 후에 이런 생각에 의문을 품기 시작하였다.

마치 콩나물시루에 물을 붓듯이 난 영이 갈급해오기를 기다리며 관련도서를 찾기를 원했으나 이런 방면에 친구도 스승도 없는 황무지 같은 존재로 살아온지라 후속타를 칠 수가 없었다.

그래서 난 《감옥생활에서 찬송생활로》 뒤에 소개받은 책을 찾아보기 시작하였다. 한글로 번역된 제목이 《십자가와 깡패》였다. 그러나 이 미국 땅에서 어떻게 한글로 된 도서를 찾는단 말인가? 불가능한 미션 같았다.

그때 한 생각이 머리를 스치고 지나갔다. 번역된 책이니 당연하게 원서가 있을 것이고, 토플 성적 600점으로 박사과정에 입학해 미국살이하고 있으니 영어도 별문제 없을 것이었다. 이런 생각이 들자 난 부리나케 대학도서관으로 달려가서 십자가와 관련이 있는 도서를 찾기 시작하였다. 플로리다대학 도서관은 40년 전인데도 연관검색기능을 가지고 있어서 어렵지 않게 《The Cross and Switchblade》라는 책을 찾을 수 있었다. 대여실 가서 신청하여 당장 읽기 시작하였다.

이 책은 어느 시골교회의 데이빗 윌커슨 목사님이 경험한 일을 간증한 내용이다.

하루는 데이빗 윌커슨 목사님이 사무실에 있는데 자꾸만 〈life〉 잡지에 실린 아이들 생각이 났다. 그날 설교가 끝나니 뉴욕으로 왕복할 만큼의 헌금이 모여있었다. 그날 목사님은 재판이 열리는 뉴욕으로 갔지만 잡혀있는 아이들과 대화 한번 못하고 법정소란죄라는 죄명으로 보안요원에게 질질 끌려가는 모습을 담은 사진이 신문에 대문짝만하게 실려 이름과 얼굴이 공개되는 수모를 겪었다.

다행히 그의 신분이 목사라는 게 밝혀지자 법정소란죄는 무마되고 체포당하지 않게 되었다. 일주일이 지나 주일설교에서 뉴욕을 다녀와야겠다고 설교하자 이번에도 비슷한 수준에 해당하는 헌금이 모였다. 이번에는 청년부 회장을 운전사로 딸려서 보내주었다. 뉴욕에 도착하자 월커슨 목사님이 차를 세우라고 청년회장에게 지시했다. 차를 세우고 두리번거리고 있는데 갑자기 소년 한 명이 다가오더니 혹시 데이빗 아니냐고 했다. 어떻게 나를 알아보냐고 하니까 목사님이 우리 친구들을 구하기 위해서 법정소란죄로 끌려나가는 것을 신문에서 보았다고 했다. 그리고 자기 친구들이 많이 있는 곳이 있는데 그리로 안내하겠다고 했다.

그 소년이 안내한 곳은 뉴욕 지하도 구석의 마약 소굴이었다. 거기서 설교를 마치고 돌아가는 차에서 목사님은 이렇게 외쳤다. "주님 전 이들을 변화시킬 돈도 인맥도 조직도 없습니다" 그때 주님께서 고등학교 시절의 에피소드를 생각나게 해주셨다.

월커슨 목사님이 전학 간 고등학교엔 척이라는 불량배 학생이 있었는데 특별하게 목사 아들을 혼을 내는 일을 즐겨 하니 선생님은 가능한 한 척을 혼자 만나는 일이 없도록 하라고 했다. 그런데 어느 날 불행하게도 척과 1대1로 마주치는 일이 발생하고 말았다. 척은 네놈을 만나려고 학수고대했는데 잘되었다고 하며 오늘이 바로 네 제삿날인 줄 알라면서 주먹을 쥐고 빙빙 돌리고는 한 대를 쳤다. 목사 아들은 눈을 감고 기도를 올렸다. 눈을 감고 있는데 어디서 오는지 알 수 없는 평화가 밀려오니 얼굴에 미소가 흘러나오는 모습을 본 척이 걸음아 날 살려라 하고 도망을

쳤다. 다음 날 학교로 가니 척을 쓰러트린 무서운 녀석으로 소문나서 졸업 때까지 자신을 건드리는 녀석이 없었다는 일을 생각나게 해주었다는 것이었다.

 우선 할렘가에 복음을 전하기 위하여 데이빗 목사님은 트럼펫을 잘 부는 친구와 함께 할렘가 중심지에서 트럼펫을 불기 시작하자 사람들이 무슨 일인가 하고 모여들기 시작하였다. 그러나 사람들의 수가 늘어나자 갑자기 경찰이 나타나서 트럼펫연주자와 목사님을 잡아가 버렸다. 경찰서에서 신분이 확인되자 풀어주었는데 반드시 성조기를 게양하고 집회를 하라고 허락하였다.
 잡혀갔던 혐의자가 다시 돌아오니 마치 개선장군을 보는 듯이 현장에 사람들이 더욱더 많이 몰려들었다. 트럼펫연주가 끝나자 목사님이 요한복음 3장 16절을 전하기 위하여 단상에 올라왔는데 도무지 장내가 정리되지 않아서 전할 수 없었다. 즉 오합지졸 같은 군중이 내는 소음으로 인하여 도저히 복음을 전할 처지가 아니었다. 그래서 데이빗 목사님은 "하나님, 저를 이곳까지 오게 하였으면 말씀이라도 전할 수 있도록 도와주셔야 하지 않겠습니까?"라고 눈을 감고 기도하였는데 순간적으로 장내가 조용한 느낌이 들더라고 하였다. 눈을 떠보니 지금까지 왁자지껄했던 군중이 삽시간에 조용해졌고 심지어 불량배처럼 보이는 남자가 모자를 벗고 눈을 감고 있는 모습에 놀라지 않을 수가 없었다고 간증하였다.
 이 대목에 이르자 갑자기 나의 눈에서 눈물이 주체할 수 없이 쏟아져나왔다. 하나님은 살아계셔서 지금도 역사하고 계시는데 나만 모르고 어리석게 살아온 인생에 후회하고 참회하는 심정으로 거듭나게 되었다.
 이후의 글은 살아움직여서 난 책을 단숨에 읽어버렸다. 그 이후의 책

내용을 요약하면, 데이빗 윌커슨 목사님이 수많은 불량배와 비행 청소년을 하나님 앞으로 인도하였고 그리스도 중심의 마약과 알코올 재활 프로그램인 Teen Challenge 사역이 탄생하게 되었다. 이 사역은 5천만여 부가 팔리고 30개 언어로 번역된 《The Cross and the Switchblade(십자가와 잭나이프)》라는 책을 통해 널리 알려지게 되었다. 그리고 미국과 80여 개국에 걸쳐 1,000곳이 넘는 센터로 성장하였다.

그날 이후에 변화된 나의 삶은 너무도 많은 변화를 가져왔다. 교회를 제 발로 걸어 나갔고 예배 중 인사 시간에 목사님처럼 가능한 한 많은 형제와 악수를 했다. 원수처럼 대하던 학생과 화해하였고 마음속에 밀려오는 평화를 주체할 수 없었고 전도팀에 합류하여 힘써 전도하였다.

저러다 신학교 가는 것이 아닌가 하고 오해를 받았지만, 신학교보다는 못다 한 공부를 하게 하셨다.

선교사로의 부름

1994년 플로리다 대학 전산과 종합시험에 연거푸 떨어졌다. 만5년이 지난 시점이 되어도 종합시험을 통과하지 못하자 학교측에서 떠나는 것이 좋을 것 같다는 제안이 들어왔다.

그 학기부터 종합시험에 변화가 생겼다. 시험이 어려워서 남은 대학원생이 씨가 마르자 교수들은 그들을 구제하고자 관련 과목에서 A를 받으면 인정해주는 제도로 바꾸어 실시하였다. 그러나 그 학과 과목에서 말도 안 되는 규칙을 적용하여 감점되는 바람에 중간고사에서 물을 먹었다. 기말고사에서 재기를 노렸으나 지독한 독감으로 시험을 칠 수 없었다. 결국, 구제받지 못해서 자격시험에 낙방하고 말았다.

그런데 자격시험을 여러 번 칠 수 있도록 제도가 또 다시 바뀌었다. 자신감 회복을 위해서 제일 자신감이 있는 과목 위주로 선택했으나 보기 좋게 낙방하고 말았다. 그때부터 난 어떤 보이지 않는 존재가 나의 종합시험에 역사하고 있다는 사실을 감지하고 다른 학교로 옮기려고 마음을 먹었다. 여러 곳에 지원서를 제출하였으나 다 떨어지고 한 대학에서 연락이 왔다. 난 합격한 대학에 연락을 취했으나 갑자기 그 대학에서 다음과 같은 연락이 왔다. "며칠 전에 우리 대학에 오지 않겠다고 전화해서 대단히 유감스럽습니다"라고 편지가 날아왔다. 내가 어느 대학에 지원했는지는 아내조차 모르는데 이런 편지를 받고 보니 등골이 오싹했다.

그때 마침 중국 연변과학기술대학에서 교수요원을 모집한다고 하면서 인사과에서 사람을 모집한다고 홍보차 교회에서 모임을 열었다. 그때까지만 해도 그 대학은 나와 상관이 없는 대학이라고 여기고 있었다. 그런데 집회 중 막내를 태운 유모차를 끌고 있던 아내가 "저 대학 갈 사람은 바로 김 동 일이다."라는 음성을 들었다. 이와는 다르게 난 답답한 마음으로 집으로 돌아왔다. 오자마자 성경책을 펼치니 에베소서 5장 16절에서 "때가 악하니 세월을 아끼라"는 말씀이 들려왔다. "난 어디로 가야 합니까?"라고 물었다. 그러자 연변과기대라는 학교 이름이 또렷하게 들려왔다.

나는 아내에게 중국으로 가야 한다는 말을 꺼내기가 망설여졌지만, 하나님께서 음성을 들려주시고 아내의 마음을 미리 만져주셔서 중국행을 완성해 주셨다. 그리고 25년 동안 중국에서 교수 선교사로서 사역을 감당할 수 있게 하였고 못 이루었던 학위는 포항공대에서 전산과 최초로 3년 만에 끝내도록 해 주셨다.

멈추지 않으시는 하나님

1999년 어느 날 난 연변과기대 총장님 사무실에 있었다. 연변과기대에 부임한 뒤부터 난 박사가 되는 길을 포기하고 있었다. 평생을 품어온 꿈을 포기한다는 것은 쉬운 일은 결코 아니었지만 그만큼 나에게는 예수 그리스도가 크신 분이셨다. 난 중국을 오면서 태평양에 학위를 던져버렸다.

그렇게 난 박사학위를 포기했지만, 하나님은 포기하지 않으셨다. 아니 아브라함이 이삭을 바치자 모리아산에서 돌려주신 것처럼 학위를 포기하자 돌려주셨다.

내가 연변과기대에 파송된 지 5년이 되던 해에 총장님께서 날 부르셨다. "김 교수 그동안 수고 많이 했으니 못 마친 학위를 포항공대에서 끝내고 와." 총장님께서 실력이 없어서 내치시는 것이 아닌지 궁금하였다. 난 1996년에서 1998년도 최우수 강의 교수상을 받은 바가 있기에 내치실 이유가 없다고 여겼다. 그러나 플로리다대학에서 종합시험을 낙방한 기억 때문에 선뜻 학위를 마치겠다는 답변을 드릴 수가 없었다.

총장님께 "종합시험을 면제해주면 당장 응하겠지만 그렇지 않으면 생각을 좀 해보아야겠습니다" 하고 총장실을 나왔다. 그로부터 아내에게 기도를 부탁하고 후원자들에게도 연락을 취하였다. 하나님께서 움직이심을 직감하였다. 그래서 일주일 후 총장님을 찾아가서 가겠다고 하였다. 결코 오기나 자존심을 회복하려는 의도에서 나온 것이 아닌 순종의 열매에 의한 결정이란 확신이 있었다. 솔직히 현재의 학생들을 가르치는 상황이 만족스럽고 아무런 기대가 별로 없었기 때문이다.

그런데 졸업식 날만은 박사 가운이 등장하여 박사학위가 없는 교수들이 주눅 들게 되는 날이다. 난 개구리가 올챙이 시절을 잊어서는 안 된다는 진리를 실천에 옮겼다. 학위를 받고 16번의 졸업식이 있었지만 박사 가운을 입은 적이 없었다. 나를 보고 석사학위 출신 교수님들이 위로받기를 바랐다.

이처럼 졸업식 날만 피하면 되니까 박사학위에 대한 갈망은 상대적으로 필요성이 희박하였다. 그러니 종합시험이란 과거시험을 치면서 모험을 할 필요가 없었다. 그런데 상황이 이상한 곳에서 발생하였다. 교수의 학위에 따라서 교수아파트 방 배정에 차등을 두는 교칙이 만들어진 것이다. 당시 교무부처장이셨던 분이 이를 실천에 옮기며 다른 교수님들의 원성을 사게 되었다. 이 모든 것이 우연이 아닌 것으로 해석되면 나의 학위 역시 협력하여서 선을 이루는 역사의 한 페이지가 될 것이다.

포항공대(포공)만 생각하면은 희비가 엇갈린다. 비극적인 사건은 초기 정착 과정에서 발생했다. 나는 교수 신분으로 포공을 간 줄 알았는데 막상 가보니 학생이었다. 학기가 시작되어가는데 머무는 숙사가 결정되지 않았다. 임시숙소로 교수아파트가 배정되었지만 게스트하우스인지라 매일 옮겨 다녀야 했다. 심지어는 한동국제학교에 입학한 큰딸이 등교를 시작할 때까지 숙소가 결정되지 않아서 길에서 만나기를 약속하고 하교 시에 길에서 만나서 집으로 오는 촌극을 연출하곤 했다.

학생아파트도 신청하지 않아서 들어갈 수도 없고 신분상 교수가 아니기에 교수아파트에도 못 들어가 외부 아파트를 구하여 들어가야 하는데 막대한 전세금을 장만할 수 없었다. 지도교수님도 도와주시려고 백방으로 애를 쓰셨지만 구조상 한계가 있었다. 지곡동 거주는 포철과 포항공대 소속이 아니면 거주할 수가 없었다. 난 연변과기대 총장님께 전화해서 속사정을 하소연하였다. 총장님의 글을 본 포공 실무자들은 오히려 더 괴팍해져서 비협조적으로 나왔다.

이런 수모를 당하니 학위도 다 때려치우고 과기대로 돌아가려고 했다. 그런데 과기대 J 교수의 호소에 가까운 글을 읽은 포공에서 마음을 바꾸어 대학원 가족 숙사가 배정되었다. J 교수는 "우리 백의민족은 예로부터 손님을 극진하게 대접하는 풍습이 있습니다. 하물며 굶주림으로 허덕이는 우리 민족을 도와왔던 김동일 교수가 어려움에 처해 있으니 숙소 문제를 도와주세요"라고 글을 써 보냈다고 한다.

숙소 문제는 이렇게 해결되었고 포공 생활이 시작되었다.

반전의 하나님

포항공대에 도착하자마자 난 지도교수님을 찾아 종합시험을 치르지 않고 학위를 받을 수 있는 길이 없는가를 물었다. 교수님은 포항공대 총장님이 보증하지 않는 한 힘들다고 말씀하셨다. 그런데 총장님이 그런 일에 보증을 설 리가 없다고 하여서 종합시험을 준비할 수밖에 없었다.

종합시험은 전산 분야 중에서 핵심이 되는 3분야로 이루어져 있다. 수학적 원리를 컴퓨터에 적용한 컴퓨터 이론 분야와 프로그램을 적용한 소프트웨어와 마이크로프로세서가 근간이 되는 하드웨어로 시험시간은 5시간을 준다. 두 번의 기회가 주어지는데 합격하지 못하면 학교를 떠나야 한다. 분야별로 최소한 두 과목 이상으로 구성되었다.

그런데 시간이 부족하여 적어도 한 분야를 패스해야 한다. 나 역시 한 분야는 패스했으나 두 분야는 너무 시간이 모자라서 도저히 남은 시간 안에 풀기가 쉽지 않아 보였다. 종합시험은 두뇌 회전이 빠른 20대 대학원생에 맞추어진 시험인지라 40대인 난 자신이 없었다. 특별히 생각이 많이 필요한 과목이 두 과목을 같은 시기에 치는 것은 아무래도 그 당시 나의 역량에 무리가 가는 시험이었다. 시간과 스피드에서 아무래도 밀릴 수밖에 없었다. 종합시험을 준비하려고 두 분야에 관련된 과거의 시험문제를 바라보니 한숨만 나왔다. 이론 분야는 어렵게 느껴졌지만 통과하지 못하면 학위를 받을 수 없기에 지난 학기 시험문제를 분석하였다. 그 시험지는 내가 실패한 시험인지라 낯익었다. 그런데 아무리 계산해 보아도 낙방할 점수가 나오지 않았다.

난 곧장 종합시험 담당 교수님을 찾아가 채점한 답안지를 볼 수 있지 물었다. 담당하시는 교수님은 포항공대가 생긴 이래로 학생이 자기 시험지를 열람한다고 당락이 바뀐 경우가 없으니 딱 잘라서 괜히 헛고생하지 말라고 하셨다. 게다가 당시 채점한 사람이 꼼꼼하기로 소문난 K 교수님이라서 더 가능성이 없다고 말씀하셨다. 난 그래도 답안지를 봐야겠다고 우겼다. 결국 담당 교수님이 이 분야만 30년을 가르치시는 노교수님을 상당히 어려워하는 투로 전화를 드리자 K 교수님은 학생과 같이 오라고 하셨다.

나의 답안지를 보자마자 난 K 교수님이 실수했다는 것을 알 수 있었다. 30점짜리 문제를 0점을 준 것이다. 난 이렇게 푸는 것이 맞지 않느냐고 나지막한 목소리에 힘을 주어서 말했다. 나의 답안지를 뚫어지게 바라보시던 K 교수님이 25점이라고 다시 매겨 주셨다. 나의 점수는 커트라인 근처에 있었기에 25점이 추가되자 합격선을 훨씬 초과하는 점수가 되었다. K 교수님은 미안하다고 사과하셨고 포항공대 역사상 재채점을 하신 교수님이 되셨지만, 자신의 과오를 인정하여 모범과 귀감이 되신 교수님으로 기억되셨다.

그 이후에 고향(중국 길림성) 방문차 우리 대학에 들르신 교수님과 사모님을 모실 수 있어서 큰 영광이었다. 제자 교수에게 민폐를 끼치지 않으시려고 조용히 저의 대학에 오셔서 자신이 쓰신 책을 기부하시고 가신 교수님 만수무강하소서.

포항공대에서 초기의 어려움을 제외하고 난 많은 사랑을 받았다. 특별히 지도교수셨던 이종혁 교수님은 나를 친동생처럼 아끼고 사랑해주셨다. 포항공대에서는 차가 없으면 불편하다고 차를 사라고 지원금을 주셨다. 또한 여름에 에어컨을 설치하여 시원한 여름을 보내게 해주셨고 랩 수련회에서 전국 팔도강산의 풍물을 접할 기회를 주시는 등 영원히 잊지 못할 많은 추억을 남겨주셨다.

2년 전 포항공대로부터 이메일을 받았다.

> 2020년 3월 6일 (금) 오후 3:03, 김태영(미래전략팀)
> <taeyoung@postech.ac.kr>님이 작성:
>
> ---
>
> 김동일 교수님,
> 안녕하십니까?
> 포스텍에서는 교수님을 QS에서 실시하는 학계 평판도 참여의 중요한 조사대상자로 추천하였습니다.
>
> 관련하여 현재 QS Survey가 진행 중인데, QS로부터 Survey 참여를 요청하는 Email을 받으셨는지 문의를 드립니다.
> 만약 Survey 참여 Email을 받으셨다면 잠시만 시간을 내시어 참여해 주시면 감사하겠습니다.

아울러 만약 Survey 참여 Email을 받지 못하셨다면, Spam 으로 분류되지 않았는지 다시 한번 확인을 부탁드리겠습니다.

감사합니다.

POSTECH(포항공과대학교) 기획처장 김상욱 드림

20여 전에 포스텍에 발을 들여놓았을 때 20년 후에 이런 편지를 받으리라고 상상했을까?

반전의 하나님이심을 고백하지 않을 수 없다.

시골에서 단련된 놀이 감각

어린 시절 자연이 주는 놀거리가 더욱 짜릿했다.

멱감기가 좋았던 앞마당 같은 시골 바다에는 하루 종일 잠겨도 이곳 이 상 아늑한 곳이 없다. 침대 겸 소파이다.

눈 대신 야생잔디가 범퍼가 되어준 산태 타기는 스피드와 스릴을 안겨 주는 위대한 스포츠였다. 올림픽에 이 종목이 없다는 사실에 놀라며 난 바람을 가르며 날아갔다.

겨울이 되면 비록 개구리도 땅 밑으로 숨지만, 우리의 놀이 감각은 절 정에 달한다.

먼저 연날리기다. 친구의 연이 줄에서 나가떨어지도록 사금파리를 곱 게 갈아서 실에 먹인다.

다음 날 일부러 친구 연줄에 유리 먹인 실을 들이대면 동강 끊어지는 친 구 연줄은 바람을 타고 멀리 날아 가버린다.

이때의 즐거움이 얼마나 승부욕을 자극했던지 흥분되어 그 전날 밤을 뜬눈으로 지새운 적도 있었다.

대미를 장식하는 Fun은 고무 얼음타기이다. 썰매를 타다가 목숨을 잃는 기사를 종종 접하곤 했지만, 우리 동네 썰매장 수심은 30cm라 크게 걱정하지 않았다.

고무 얼음이란 썰매장의 얼음이 요동치는 것을 말한다. 한 지점에서 수십 명이 수십 번을 타다 보면 얼음이 탄성을 얻는다.

그때부터 영웅이 탄생할 때까지 우린 미친 듯이 고무 얼음을 지나간다. 고무 얼음이 출렁거릴 때의 느낌은 황홀 그 자체이다.

그러다 고무 얼음이 파지직 하고 갈라지는 순간에 있었던 친구는 그날의 술래가 되어서 동상 직전까지 가는 고통을 감내해야 했다. 가까스로 위기를 모면하면 영웅이 되어 헹가래 세례를 받았다.

아! 상상만 해도 그저 미소가 흘러나오는 고향의 여름과 겨울의 다채로운 망나니 축제와 그 유혹들. 그러니 책이 감히 비집고 들어올 틈이 있었을까? 난 그런 축제에 참여하느라 바빴다. 이런 굉장한 경험이 빠져버린 요즘 아파트족 아이들에게 연민을 가지게 된다.

잡초의 유익함

교회의 분열과 험담에 대한 깊은 이해 중 하나는 하나님께서 역사를 주관하시고 예수그리스도께서 교회의 머리 되심이다. 교회 공동체에 나가 보면 '저 사람은 교회에 나오지 않는 것이 오히려 도움이 될 텐데'라고 생각이 드는 사람이 있다. 가라지 같은 사람이 교회에 나와서 분란만 일으키고 사사건건 걸림돌이 되는 사탄의 앞잡이가 왜 교회에 나올까 싶을 때가 있다. 또한 그 정도는 아니지만 '이상하게 저 사람은 나와는 뭔가 코드가 잘 맞지 않아' '내가 발언할 때마다 반대하고 충돌하는데 저 사람만 교회에 안 나오면 내 신앙생활이 훨씬 수월해질 텐데' 하는 생각이 드는 사람이 있다. 그래서 하나님 저런 사람들 어떻게 해주세요 하고 기도를 올려보기도 한다. 그러나 그런 기도는 대부분 답이 오지 않는다. 왜냐하면, 그들조차 교회와 나에게 유익을 주기 위해서 하나님이 보낸 사람들이기 때문이다.

자연산 회가 양식장의 생선회보다 그 맛이 깊고 고소하고 은은한 이유도 바로 바닷속에서 자신들의 천적으로부터 살아남기 위하여 치열한 생존의 싸움을 했기 때문이다. 양식장의 고기들은 잡아먹히는 위기감을 겪지 않기 때문에 느리고 맥이 없어 맛이 없는 것이 당연하다. 마찬가지로 야생에서 자란 각종 과일과 채소가 비닐하우스에서 자란 것들과 비교할 수 없는 신선함과 청량감과 그윽한 맛을 주는 것도 바람과 뜨거운 태양과 곤충과 벌레와 다른 잡초와의 싸움에 이기기 위해서 긴장과 생존의 몸부림을 겪었기 때문이다.

같은 원리로 하나님께서는 우리의 영적 성장을 위해서 때로는 우리가 이해하기 어려운 사람을 보내셔서 우리를 훈련시킨다. 드러나게 말썽을 피우는 교인 때문에 교회 전체가 훈련받기도 하고 유독 나 자신과 심하게 충돌되는 사람이 나타나서 나를 사망의 음침한 골짜기로 밀어 넣는다. 그래서 교회 안에 분쟁과 반복과 싸움이 계속되는 것이다. 하지만 그래도 우린 하나님을 신뢰해야 한다. 왜냐하면, 하나님 보시기에 그런 사람들이 필요하기 때문에 그냥 두고 계시는 것이다. 그렇지 않다면 하나님께서 먼저 손을 쓰실 것이다. 바로 이것이 믿음이며 예수님께서 교회의 머리 되심을 인정하는 순종의 자세이다.

여기서 더 중요한 원리는 바로 나도 잡초의 기질이 있음을 알아야 한다는 것이다. 나를 그토록 싫어하는 사람은 오히려 나의 단점을 그는 장점으로 가지고 있기 때문에 그럴 경우가 많다. 시간 관리에 느슨하고 융통성이 많은 나는 약속시간에 늦게 나타난다. 이런 약점을 그냥 두고 지나가기 어려운 교인은 나의 약점을 안주 삼아 마음껏 도마에 올려놓고 요리한다. 그는 나의 기질을 잡초로 여기고 나는 입방아를 찧는 그의 입을 잡초로 여기며 서로 으르렁거리는 것이다. 그래서 미움, 질투, 당짓기로 번져가서 교회 전체가 시끄러워질 수 있다. 그러나 하나님께서 이런 일을 허용하는 것은 바로 그 상대방을 통해서 내 안의 있는 죄가 드러나고 결국 그 갈등과 좌절을 통하여 내가 주님 앞에 더 많이 무릎을 꿇게 되면서 나의 영혼을 조금씩 정화하려는 의도이다. 그리고 오랜 시간이 지나서 상대방을 이해하고 나중에는 감사하는 수준으로 올라가게 되는 것이다.

결론적으로 교회와 복음을 너무 단순하게 이해하면 많은 현상이 이해가 가지 않아서 혼란스럽다. 영적으로 자란다는 것은 바로 교회 안에서 일어나는 분쟁과 갈등과 반목과 경쟁을 조금씩 하나님의 눈으로 이해하고 해석하고 대응하는 횟수를 높여가는 것이다. 신앙 연륜이란 바로 이런 것이 쌓여야 하는 것이다. 그래야만 하나님의 영광이 드러나고 거기에 생명의 역사가 일어나는 것이다.

도마와 베드로

요한복음의 마지막 부분을 장식하는 두 제자가 바로 도마와 베드로다. 어쩌면 성격이 서로 반대되는 두 사람이 그 위대한 요한복음의 마지막에 나오는 이유는 뭘까 참 궁금해진다. 꼼꼼하고 세심한 도마와 몸부터 먼저 나가는 베드로가 나란히 20장 21장을 장식하고 있다. 어쩌면 우리 인간의 서로 다른 모습을 상징적으로 그리고 있는 것이 아닐까?

우린 그저 의심 많은 도마가 하필 그 자리에 없어서 예수님의 부활을 못 믿는다고 단순하게 생각하기 쉽다. 그러나 그것은 우리 자신의 모습이다. 인간은 보이는 것을 믿고 싶어 하지, 보이지 않는 것은 믿지 않으려는 본성을 가지고 있다. 하나님도 직접 안 보이는데 모세마저 없자 이스라엘 백성들은 아론을 부추겨서 금송아지를 만든다.

그런데 믿음이란 말은 바로 이 보이지 않는 세계가 존재하고, 그 보이지 않는 세계가 보이는 세계를 움직이고 있다고 믿는 것이다. 흔히 복음 전도할 때 전파는 보이지 않지만 라디오나 휴대전화가 작동하는 것으로 보아 보이지 않는 물체가 있다고 설명하며 보이지 않는 하나님의 존재를 증명하려고 애쓴다. 그러나 그 설명도 매우 제한적이다. 왜냐하면, 이미 사람들은 과학이란 믿음으로 출발하기 때문에 자신의 이해력과 논리력으로 동원하여 이해한다. 즉 보이지 않는 세계를 보이는 세계로 그려낼 수 있기 때문에 긍정하고 수긍한다. 보이지 않는 전파 역시 장비를 사용하면 그것을 볼 수 있기 때문이다.

그러나 하나님의 존재는 실험이나 장비로 측정할 수 없다. 오직 전구를 보고 전기의 존재를 알듯이 우리를 보고 하나님의 존재를 인식할 수밖에 없는 딜레마가 존재한다. 그러므로 믿음의 세계에 들어가면 갈수록 복음 전도자의 길로 살면서 항상 하나님을 드러내는 일이 얼마나 소중한 일인가를 실감하게 된다.

도마처럼 직접체험이 있으면 믿겠다는 사람들을 많이 본다. 그러나 그것은 역사가 사실이 아니라고 증명하고 있다. 바리새인들은 하나님을 직접 보고 믿기는커녕 배척하고 십자가에 못 박혀 죽게 했다. 하나님을 인간의 수준으로 끌어내려서 이해하려는 욕망은 도마든 베드로든 인간 모두의 아킬레스건이다. 도마는 체험으로 베드로는 그의 혈기로 복음을 이해하고 있다. 인간은 근본적으로 어떤 것도 받을 자격이 없다. 아무리 좋은 것을 주어도 그것을 감당할 상태가 아니기 때문에 십자가가 등장한다.

베드로 역시 그 놀랍고 대단한 충성심으로 제자 중에서 두각을 나타내지만 결국 3번을 부인한다. 우리 모두 베드로인 것이다. 자기 힘과 혈기로 무슨 일을 할 수 있다고 목에 힘이 들어가면 아무리 좋은 일을 해도 주위 사람을 죽이는 일을 하게 된다. 주님은 결코 이런 상태에서는 일하기를 원치 않으시기 때문에 우리를 좌절과 절망의 계곡 속에 밀어 넣으신다. 베드로는 풀이 죽어서 주님 부활 후에도 자기 살던 곳으로 돌아간다. 더 이상 자격이 없다고 생각했을 것이다. 그때 주님은 다시 찾아오신다. 마치 모세가 80이 되어서 그의 혈기가 다 빠져버렸을 때 떨기나무에 나타나신 것처럼.

나이가 들어야 하나님이 쓰실 수 있는 것이다. 물론 영적인 나이이지 결코 물리적인 나이가 아니다. 30세라도 100세 이상 영적 나이를 가진 사람이 있고 70세가 되어도 10대의 영적인 나이를 가진 사람이 있다. 이제 베드로의 영적 나이는 사도가 될 수 있는 자격을 갖추게 되었다. 그래서 예수님께서 베드로에게 그분 자신을 사랑하느냐고 물으셨다.

오늘날도 기독교를 세속적인 지혜와 능력과 소유로 이해하면 자기 십자가를 지고 골고다 언덕을 올라가신 주님을 알 길이 없다. 도마의 체험도 베드로의 혈기도 모두 십자가에 파묻지 않으면 우린 '나를 너를 모른다. 불법을 행하는 자들아 나는 너를 모른다'라는 엄한 꾸중을 들을 것이다. 그리고 주님으로부터 외면당하게 될 것이다.

도마와 베드로를 넘어 풍성한 하나님의 진리와 사랑에 붙잡혀 사는 인생 그것을 하나님께서 원하고 계신 것이다.

왜 우린 자유롭지 못한가?

갈라디아서는 율법에 매여서 그것을 전통에 따라서 의지적으로 지키려는 모습과 자신이 율법의 굴레 속에서 사는 삶을 경고하고 있다. 율법이란 말 자체가 교회 안에서 사용되는 단어이기 때문에 처음에는 생소하다. 신앙생활 하면서 자주 듣다 보면 그 단어에 친숙해지지만, 오히려 그 의미를 단순화시켜서 무뎌지는 경향이 있다. 율법을 교회와 신앙생활 하는 데 정해진 어떤 틀이라 지칭하며, 때로 그 틀을 깨는 행위에 율법주의를 들먹여서 자신을 합리화하기도 한다. 자신이 게을러서 교회 정기 모임에 가지 않는 것을 율법을 지킬 필요가 있냐는 정도로 급할 때 도피처로 사용하는 경우가 많다.

그러나 율법은 교회에 관련된 법도뿐만 아니라 우리의 삶 속에서 일어나는 모든 규범이나 약속과 법까지도 아우른다. 공중도덕이나 도로교통질서 역시 자신이 마음에서 우러나서 지키면 율법으로부터 자유로운 것이다.

가장 중요한 점은 율법이 정죄를 낳는다는 것이다. 어떤 사람이 고통에 처해 있는데 누군가가 위로하는 척하면서 "나는 기도하니까 해결되던데

넌 기도 안 하고 뭐 하니?"라는 식의 충고를 하면 차라리 듣지 않는 것이 더 위안이 된다. 이처럼 인간은 그 선한 율법을 오용한다. 이 오용 중에서 가장 심각한 것이 바로 자기 자랑이다. 인간은 이런 선한 것을 소유함으로써 자신을 다른 사람과 차별화하려는 죄성을 가지고 있다. 대표적인 예가 바로 누가복음 18장에 나오는 바리새인이다. 금식하고 십일조 내고 지킬 것 다 지켰으니 저 사람과 같지 않음을 감사하다고 기도하는 바리새인이 바로 우리 자신인 것이다.

우린 이런 종교적인 우월감뿐만 아니라 삶의 모든 영역에서 하나님 없이 자신의 힘으로 자신의 소원을 이루려고 한다. 그래서 하다가 안 되면 조금 도와달라고 기도하고 도움을 받은 만큼 하나님께 감사하거나, 그게 아니면 자신의 재주와 능력으로 이루었다고 생각한다. 그래서 우리의 일평생은 바로 자신의 능력과 재능을 마음껏 힘차게 부리고 사람들로부터 칭찬과 박수를 받는 일에 온 힘을 다하다가 끝난다.

그러나 사도 바울은 그 반대의 삶을 살았다. 가브리엘 문하에서 최고의 교육을 받은 그는 자신의 재능과 실력으로 당대를 풍미하며 살 수 있었음에도 불구하고 그런 것을 배설물로 여기고 오로지 십자가만 남아 있기를 원했다. 또 다른 능력을 구한 것이 아니라 바로 십자가의 도를 추구했다는 것이다. 그것은 바로 나 자신의 어떤 것으로도 사람을 변화시키거나 감동시킬 수 없고 오직 그리스도만이 가능하다는 것을 알았기 때문이었다. 결코 그가 겸손해서 하는 이야기가 아니고 그는 복음을 전하는데 자신의 우월감을 십자가에 파묻었다는 뜻이다. 그래서 그는 복음을 전할 때 심히 두렵고 떨었고 말을 잘 못한다는 비난과 체구와 외모가 볼품없는 것에 대하여 절대로 변명이나 다른 것으로 자신의 잘남을 드러내지 않으려고 했다. 왜냐하면, 자신의 자랑이 드러나면 그리스도의 영광은 사라지고 자신이 올라가기 때문이었다.

바울의 삶에 관한 이야기가 아니라도 우리는 주위에 어떤 사람이 잘난 체하면서 자기를 증명하려고 하는 태도나 행동에 대하여 아무리 내용이 좋아도 별로 달갑지 않은 생각을 가지게 된다. 바로 다른 인간이 모두 신이 되려고 하는 모습을 우리는 우리 스스로가 견딜 수 없어 한다. 그럼에도 불구하고 이 세대의 크리스천들은 끊임없이 자기 포장의 종노릇을 하면서 그 포장에 도움을 달라고 기도하다가 세상을 떠난다. 성경에는 먼저 그 나라와 의를 구하라고 한다. 그런 외형적인 재능과 힘이 없이도 하나님 한 분으로 만족하려고 하는 영적인 깊이와 무게가 있게 해달라고 기도하고 있는지 우리 자신을 살펴보아야 한다. 우리 기도가 잘 응답되지 않는 것도 바로 이런 기도를 하지 않고 계속 세상을 살아가는 데 필요한 것만 요구하기 때문이다.

오늘도 내가 하고 있는 말이나 행동이나 일이 진정 하나님과 이웃을 위한 것인가 아니면 자신을 드러내기 위하여 자신의 능력을 키우고 있는 것인가를 스스로 물어야 한다. 바울은 결코 말을 잘 못한 것이나 외모가 허접한 것을 해결하려고 애쓰지 않았다. 오히려 그런 것들이 주님의 영광을 드러내는 데 사용되었기 때문이다. 우리가 가진 것으로 복음이 전파된다고 생각하면 주님의 영광은 가려지고 인간의 그림자만 남게 된다. 재산도 외모도 지식도 건강도 모두 잃어도 거기에 하나님의 진실이 드러나고 복음의 싹이 난다는 것을 우리는 성경을 통해서 교회사를 통하여 알고 있다. 이것이 바로 십자가의 역설이다. 한 알의 밀이 땅에 떨어져 썩어야 많은 열매를 맺는다는 말씀은 바로 오늘도 하나님 없이 내 힘으로 해 보려는 자기 자랑과 잘난 체를 위한 몸부림의 어리석음을 경고하고 있다. 성실한 삶을 살지 말라는 뜻이 아니다. 누구를 위한 움직임이냐가 관건인 것이다.

어떻게 알 수 있을까? 가능하면 신세 지지 않고 남에게 부탁하지 않고 자신의 힘으로 만사형통을 바라고 하나님 도움도 가능하면 적게 받으려고 하는 내적인 경향이 있다면 요한계시록에 나오는 라오게디아 교회 교인들과 같다. 얼마나 벌거벗고 살고 있는지 모르고 살고 있는 것이다.

진정한 자유를 원하는가? 주님이 없으면 단 일분일초도 견딜 수 없다는 고백이 나오는 바로 그때 답답한 굴레를 걷어가는 하늘로부터 불어오는 청풍의 시원함을 맛보게 될 것이다. 바울은 매일 그 맛을 보고 살았을 것이다.

경쟁과 질투

한국과 중국에서 태어난 사람들은 경쟁이란 단어가 너무 익숙하다. 땅 넓이에 비해 인구가 많기 때문에 어려서부터 경쟁은 너무도 당연하고 자연스럽고 필수적으로 습득해야 하는 과정으로 여긴다. 게다가 한국은 모두 다 크고 높은 자리를 차지해야 한다는 의식이 매우 강하다. 초등학교 때만 해도 장래 희망을 물어보면 대통령이 가장 되고 싶어 하는 직업 1위로 꼽힌다. 그래서인지 한국에선 작을 소(小)자가 들어가는 이름을 본 적이 없다. 중국만 해도 등소평, 이소룡, 유소기 등등 유명인 중에도 이름에 소자를 쓰는 사람이 있다. 그러나 한국은 모두가 큰 사람이 되기를 원해서 그런지 대중, 대식, 대환, 대철, 대수, 대근, 대국, 대일, 대명, 대찬, 대호 등등 본인이 아는 사람만 해도 대자가 들어가는 이름은 20명도 넘는다. 이름에서부터 벌써 그렇지 않아도 좁은 자리에 들어가겠다는 의지가 담겨있으니 경쟁은 더욱 치열할 수밖에 없다.

골로새서 1장은 예수님이 창조주이고 또한 구원자이심을 장엄하고 웅대한 어조로 말씀하고 있다. 우린 예수님이 나의 구세주이시라고 알고 있다. 즉 독생자를 주셔서 구원하여 주실 분이라고 알고 있다. 그러나 이것은 50%의 복음이다. 나머지 50%가 얼마나 대단한 것인지 알아야 구원의 장대함과 신비함이 태산처럼 나에게 다가올 것이다.

예수께서 십자가에 못 박히실 때 인간은 예수님께 다음과 같이 말했다. "오병이어의 기적과 물 위를 걸으시고 폭풍우도 잠재우시고 죽은 나사로를 살리신 그가 어찌 자신 하나 구원하지 못한단 말이냐." 특히 기독교도이면서 능력만을 기도하는 사람들에게 이 질문을 한다면 어떻게 대답할지 궁금하다. 아니, 신앙을 떠나 우리 모두가 품은 의심일 것이다.

능력이란 결국 현재 일어나고 있는 보이는 세계를 살아가기 위한 해결책을 달라는 것이다. 그런데 예수님은 그 해결책보다 우선인 것이 바로 하나님께 순종하는 것이라 했다. 물론 예수님은 하나님이기에 스스로 자연법칙을 초월하는 기적을 얼마든지 행사할 수 있는 능력을 지녔으므로 더 대단하고 놀라운 기적을 행하실 수 있다.

그러나 그런 기적으로 사람을 구원하는 것이 아니라 십자가에서 죽으심으로써 구원함을 얻는다는 진리를 모르면 우린 늘 속고 사는 것이다. 실례로 우리 주위에서 사람을 변화시키는 것이 자신의 똑똑함과 능력을 보여주었을 때인가? 아니다. 오히려 인간은 똑똑한 사람을 싫어하고 마음을 닫는다. 겉으로는 도움을 받아야 하니까 머리를 숙일 수 있지만, 결코 그 마음을 빼앗을 수 없다. 그리고 힘과 지식을 가진 자는 늘 자신의 우월감으로 다른 사람을 살리기보다는 죽이는 데 사용하기 때문에 결코 사람의 마음을 움직이지 못한다. 오직 자신의 희생과 죽음에서 나오는 사랑만이 사람을 변화시킬 수 있다. 이런 성경적 원리에도 불구하고 우리 신자들은 그리스도로 충만하기보다는 자신의 문제해결과 더 많은 능력을 요구하고 있다.

창조주이신 예수님의 능력은 얼마나 대단하셨는가. 모든 신성을 가지셨음도 불구하고 자신은 철저하게 하나님께 순종하셨다. 그 핵심이 십자가인 것이다. 완전한 분이 디자인하신 유일한 길이기 때문에 우린 다른 피조물을 섬길 수 없고 예수님밖에는 더 이상 찾을 필요가 없다. 우주를 창조하신 분이 십자가 죽음만이 인간을 하나님의 사람으로 만들 수 있다고 하시니 그 내용을 깊이 음미하고 살아가자.

오늘의 구원의 대 교향곡은 오늘도 우리 가슴을 흔들고 있다. 헨델의 메시아를 들을 때마다 다시 오실 예수님 때문에 감격하듯 오늘 창조주 하나님의 못 박히심을 연주하는 그 장엄한 교향곡에 귀를 기울여 보자.

아비와 스승

고린도전서 4장 15절에서 사도 바울은 일만 스승은 있으나 아비는 많지 않다고 했다. 아비와 스승의 공통적인 특징은 먼저 경험하고 먼저 습득했다는 시간상의 앞섬이 있다. 시간이 앞선 자들은 분명히 지식이나 경험적인 측면에서 후에 배운 자보다 앞서게 되어있다. 그러나 현대문명은 이런 권위와 기초를 부인하고 새로운 것과 젊은 것이 좋은 것이라는 사조와 개성을 과도하게 강조한다. 그래서 선험적 경험자를 제한시키거나 홀대하는 경향이 점점 많아져 가고 있다. TV와 인터넷 매체들은 연일 상품 광고 속에서 젊고 발랄한 여인을 등장시키고 비싼 상품을 광고하며 시선을 끌게 한다. 그리고 은연중에 이런 정도가 아니면 불행한 삶을 살 것이란 사상을 시청자들에게 융단 폭격을 하고 있다. 그러면 그럴수록 젊은이들은 자신들의 아비로부터 지식과 가치관을 전달받는 것보다는 광고주를 만족시키는 대중매체의 생각과 사상을 받아들이기 좋아한다.

그러나 대중매체는 나 자신의 이름도 성도 모르고 무엇을 좋아하고 싫어하는지는 관심 없고 일방적으로 유행이란 이름 아래 항복시키고 있다. 일만 스승의 특징은 피교육자와 인격적 교감이 없는 관계에서 지식이 전달되는 것을 말한다. 오늘날 선생은 있는데 스승이 없다는 말이 바로 일만 스승을 지칭하는 것이다.

예수님과 제자들과의 관계는 인격적 교감 아래서 이루어졌다. 즉 24시간을 함께 생활하면서 일거수일투족이 전부 제자들에게 전달된 것이다. 우린 사도행전 1장 8절에서 증인이 되라고 해서 단순히 거리에 나가서 전도하거나 선교사를 보내는 것으로 국한해서는 안 된다. 예수님의 지상명령은 제자 삼으라는 말에 초점이 모여있다. 즉 전도적 언어를 툭 던지고 나머지는 내가 상관할 바가 아니라는 식의 접근이 아니라 그 영혼이 제자가 될 수 있는 데까지 자신의 삶을 투사해야 한다는 의미인 것이다.

오늘날 학교에 많은 문제가 있는 것은 바로 선생님과 학생들 간의 인격적인 교감이 없이 지식만 전달되기 때문이다. 옛날 서당처럼 회초리와 호령 속에서 공부해야 스승의 인격이 전달되는 것이다. 그래야 상식과 도덕과 예의가 통하는 인간이 된다.

그런데 여기서 한 걸음 더 나아가서 바울은 가르치는 자가 아비가 되기를 원하고 있다. 아비와 스승의 차이를 생명을 낳느냐로 기준을 정하고 있다. 그 생명은 바로 하나님의 진리와 의를 사모하느냐는 것이다. 예수님과 그렇게 같이 삶을 사는 제자들이지만 정작 최후의 순간에는 다 도망가버렸다. 그것은 바로 십자가가 무엇인지를 아느냐에 달려 있다. 십자가란 바로 자신은 질그릇이며 보배이신 그리스도를 전하는 것이다.

인간은 스스로 빛을 낼 수 없는 존재임을 전하고 참빛을 받아서 전하는 무익한 종이라는 위치와 신분에서 출발한 자만이 생명의 열매를 맺을 수 있다. 그래서 아비는 말을 적게 한다. 할 말이 많이 없다. 십자가 외에는……. 그러나 일만 스승은 자신의 부족함을 옳은 말과 남을 비판함으로써 자신은 면제받았다고 착각하면서 산다. 그러므로 계속 말이 많을 수밖에 없다. 고린도교인이 판단과 비판을 많이 하는 것도 그 비판 속에서 자신의 잘남을 증명함과 동시에 그런 말을 하게 되면 자신은 이미 그 수준을 벗어났다고 여기고 있었기 때문이다. 그러나 여기에는 생명이 없다. 즉 그런 말을 듣고는 어떤 영혼도 변화되지 않고 또한 변화되기를 원하지 않는다.

오늘날 이런 일만 스승 때문에 "당신이나 천국 가시오. 나는 당신이 꼴 보기 싫어서 천국 가기 싫소."라는 푸대접을 받아 복음 전도에 어려움이 있다. 아비는 한 알의 밀알이 땅에 떨어져 죽어야 한다는 의미를 아는 자이다. 매일 매일 십자가 앞에서 엎드리며 하나님께 자비와 긍휼을 구하는 자이다. 내가 아비인가 일만 스승인가의 시금석은 바로 위로가 필요한 친구나 제자가 어려울 때 나를 찾아오느냐에 달려 있다. 그의 아픈 마음에 같이 공명하며 같이 슬퍼하며 울어줄 수 있는 긍휼한 마음 없이 충고하고 가르치는 모든 행위는 바로 일만 스승이 하는 교만에 찬 모습에 불과하다. 우리는 지금 입으로 가르치는 자보다는 "그래 얼마나 힘들었니" 하면서 격려하며 잘 들어주는 아비가 필요한 시대에 살고 있다.

경쟁에서 살아남는 유일한 길은 바로 교육이라고 생각하기 때문에 한국에서는 조기교육, 기러기 아빠, 비밀과외, 대치동 학원, 강남 8학군 같은 용어들이 쏟아져나오게 되었다. 그리고 그 교육과정의 정점이 고3이다. 고3 때의 성공과 실패가 인생을 좌우하다시피 하기 때문에 수험생은 물론이고 온 가족이 전쟁터에 나가는 군인처럼 1년은 완전히 초긴장 상태에서 지내야 한다. 이 상황은 신자든 불신자든 별로 차이가 없고 해마다 11월이면 사찰 성당은 물론이고 교회의 새벽기도에 구름처럼 신자들이 모여든다. 심지어 어떤 교회는 주일 아침 7시에 중고등부 예배를 드리고 8시에 교회 차로 학교까지 태워다 주기도 했다. 일류대학에 합격하면 축하 떡을 돌리는 교회도 있었다.

이 세상의 지혜 중에서 가장 보편적인 것이 바로 정글 법칙인 약육강식이다. 강한 자만 살아남는다는 법칙 때문에 우린 모두가 경쟁에 내몰리고 있다. 특별히 정글에 먹을 것은 적고 동물이 많을 경우 먹이를 위한 사투로 피비린내 나듯이 한국이나 중국 역시 치열한 경쟁을 해야 하는 상황에서 신자들마저도 세상적 힘을 키우기 위해서 젖 먹는 힘을 다하여 질주하고 있다.

그러나 성경은 힘을 가진 자가 복된 것이 아니라 사랑을 가진 자가 복되다고 했다. 고린도전서 3장에는 세상의 지혜는 하나님께 미련한 것이고 지혜 있는 자를 헛것으로 아신다고 하시는 말씀이 나온다. 마태복음 6장에서 공중에 나는 새를 보라고 하시며 먹고 마시는 일을 자신이 책임지실 것을 강한 어조로 말씀하셨다. 그러니 형제와 화해하고 원수를 사랑하라고 하셨다. 어느 한구석에도 남을 짓밟고 올라가서 자신의 능력을 보여주라는 구절은 없다.

물론 공부를 열심히 하지 말라는 의미는 아니다. 남을 누르고 자신의 승리에 도취할 목적으로 사는 태도에 문제가 있는 것이다. 프로축구 역시 마찬가지이다. 경기에 지지 않으려고 늘 수비만 하는 팀은 관중에게 인기가 없다. 전술이 창의적이며 조직적임과 동시에 개인의 기량이 뛰어난 모습 속에서 골이 나오는 게임을 사람들은 좋아한다. 그럼에도 불구하고 승부 조작까지 동원해서 이기려는 인간의 경쟁과 승부 근성은 거의 모든 분야에 널려있다.

신자들이 이런 세상적 경쟁에 익숙하면 교회에서도 꼭 같은 경쟁의 법칙을 사용한다. 제한된 교회 예산을 가지고 부서별로 좀 더 많이 받아내서 더 많은 실적을 올리려고 목소리를 높이거나 심한 몸싸움까지 한다. 바로 힘을 가진 자만이 살아남는다는 정글 법칙을 교회 안에까지 끌고 들어온 결과로 생기기 때문이다. 그 결과 시기와 질투 분쟁이 일어나는 것은 너무도 당연하다.

결정적인 원인은 바로 신자가 누려야 할 영적인 복이 얼마나 말할 수 없을 정도로 크고 높고 깊고 넓음을 경험하지 못했기 때문에 세상을 사랑하는 것이다. 즉 천국의 보화를 쌓는 일이 마치 세상적인 원리에 의하여 더 많이 봉사하고 헌금 내고 전도하는 일의 규모에 비례한다고 여기기 때문에 손에 잡히는 일에 집착하게 되는 것이다.

영적인 복은 마태복음 5장에 나오는 팔복이다. 심령이 가난하고 애통하고 온유하고 마음이 정결하고 의에 주리고 목마른 자 긍휼히 여기는 자의 복을 말한다. 잠시 있다가 사라질 것에 목을 매고 사는 인생이 아니라 영원한 나라에서 통용되는 진리와 사랑과 생명에 관심을 가지고 사는 인생이 복된 것이다. 그리고 그 복은 이생에서 누릴 수 있다고 말씀하신다. 예수님은 요한복음에서 "가장 완벽한 복은 내가 네 안에, 네가 내 안에 있을 때"라고 하셨다. 그 이야기는 바로 우리 이웃에 바로 적용된다. 어떻게 해야 우리 이웃과 가장 가까워질 수 있을까? 바로 이웃의 고통이 나의 고통이 되어 기도 속에 나의 아픔으로 흘러나올 때 가능한 것이다. 영적으로 성숙해진다는 것은 수도원에서 고결하게 세상과 담쌓고 지내는 것이 아니다. 즉 먹고 마시는 나의 생존에 관한 기도는 줄고 이웃에 대한 아픔이 내 가슴에 전해지는 기도를 드리는 순간이 조금씩 많아져 가는 긍정적 습관을 말한다. 그리고 그런 변화의 과정에서 나오는 봉사, 헌금, 전도가 천국의 보화로 쌓이는 것이다. 이러한 경험이 주는 신비함이 얼마나 세상이 주는 기쁨과 비교할 수 없음을 맛본 자만이 경쟁과 질투에서 벗어날 수 있다.

성경은 바로 그 지혜가 그리스도 예수님이시며 십자가라고 한다. 우리의 죄와 아픔을 위해서 온 우주를 창조하신 하나님께서 오신 그 놀라운 분이 죽으시고 부활하셔서 오늘도 우리를 위해서 중보기도하고 계신다. 어찌 이 위대한 분 외에 다른 어떤 것이 우리를 진정으로 기쁘게 할 수 있겠는가?

불의를 기뻐하지 않는 사랑

고린도전서 5장으로 넘어가면 음행에 관한 내용이 나온다. 믿지 않는 자들도 범하지 않는 음행을 신자인 고린도교인들이 범한다. 신령한 은사와 영적인 표적이 많은 교회에서 이런 일이 있을 수 있나 싶지만, 실제로 2천 년이 지나도록 계속 존재할 것을 바울이 미리 알고 쓴 것처럼 오늘날에도 심각한 문제가 되고 있다.

성적인 부분은 생명의 탄생과 관련된 하나님의 선물이면서도 가장 많은 유혹과 타락과 도전과 남용과 비극을 가져오는 위험한 폭탄으로 우리를 찾아온다. 즉 예수 그리스도를 주로 인정하고 사는 신자들도 얼마든지 이런 유혹에 빠질 수 있음을 성경은 경고하고 있다. 사탄이 가장 많이 이용하는 영역이 바로 이 부분이기 때문에 예수님께서도 산상수훈에서 마음에 음욕을 품는 것이 바로 간음이라는 예리한 지적을 하셨다. 성적인 죄악에서 자유로운 사람은 없다는 것을 다윗이 그의 삶을 통해서 우리에게 알려주고 있다. 예수님께서도 그걸 아시고 간음한 여인을 정죄하지 않으셨다. 그리고 죄 없는 자는 돌로 치라고 하셨다. 그들 중에 여인에게 돌을 던진 사람은 아무도 없었다. 이처럼 가장 무서운 죄인 간음을 용서하시는 하나님의 자비하심은 결국 인간을 한없이 사랑하시는 십자가 사랑 안에서 이해되어야 한다. 이런 맥락에서 우린 이런 죄를 드러나게 범한 사람을 함부로 정죄할 수 없다.

그러나 사도 바울은 교회가 그런 죄를 그냥 덮어두고 넘어가는 것에 대하여 엄중하게 꾸짖고 있다. 그들은 교만하다고 했다. 인간은 도박에서 승리할 때 교만해진다. 즉 자신의 패에서 가장 좋은 짝을 꺼내어 상대방을 제압한다. 그리고 그것이 자신을 대표한다. 그리고 그 판을 이기면 그는 승리자가 되는 것이다. 그가 비록 몇 달간 세수나 목욕을 하지 않았고 손톱 발톱이 혐오스럽게 길어도 그는 판에서 승리했기 때문에 승리의 교만을 떨고 있다. 마치 모든 인생에서 승리자인 것처럼…….

우린 올림픽에서 금메달 딴 선수가 술집에서 행패를 부린 사실에 대하여 잘 믿으려고 하지 않는다. 운동의 금메달을 삶의 금메달로 착각하기 때문이다. 인간은 가장 자신 있는 부분으로 나머지 수치스러운 부분을 가려서 자신을 미화시킨다. 이것이 교만이고 인본주의가 부추기는 인간의 모습이다. 그리고 심지어 하나님 앞에서까지도 당당하려고 하며 뻔뻔하게 거래하려는 모습을 보인다.

교회가 이런 죄에 대하여 방관하게 되면 그 교회는 죄가 누룩처럼 번져가게 된다. 하나님께서 아이성에서 이스라엘 백성들을 패배하게 만드신 것도 바로 노략질한 물건을 몰래 빼돌린 아간의 죄 때문이었다. 모든 전쟁에서 인간은 내부로부터 먼저 무너지기 때문이다. 로마제국이 멸망한 것도 게르만족의 대이동이 아니라 바로 사치와 환락과 성적부패로 이미 질서의 기초가 무너져가고 있었기에 가벼운 충격도 견딜 수가 없었다.

인간은 질서가 무너지면 바로 이성을 잃고 죄악으로 달려간다. 1991년 LA 폭동 때 미국 흑인들이 보여준 약탈 방화 살인 사건은 무법천지에서 인간이 얼마나 철저하게 악을 자연스럽게 행하는가를 생생하게 보여주었다.

교회는 하나님의 거룩함을 훈련하고 연습하는 곳이다. 여기에 타락한 죄악을 그냥 두고 넘어가면 그 교회는 소돔과 고모라가 된다. 교회의 책임자들이 그런 죄를 묵과하면 리더들에 대한 교인들의 신뢰가 추락하게 된다. 혹시 리더들 역시 그런 죄를 지었거나 죄를 범한 사람과의 친밀한 관계 때문에 그냥 넘어가려고 하지 않을까 하는 불신이 생긴다. 불신은 수군거림을 낳고 수군거림은 분열을 조장하게 된다. 또한, 다른 교인 역시 이런 죄가 교회에도 허용됨을 기회 삼아 자신도 떳떳하게 죄의 선봉에 되는 행동을 할 것이다. 그러므로 교회는 반드시 이런 죄를 지은 자를 치리해서 교회가 죄로 무너지는 것을 막아야 한다. 바울은 고린도 교회가 성적 범죄를 저질렀던 신자를 처리하지 않은 저주스러운 행동에 대하여 신랄하게 경고하고 있다. 몸에 바이러스가 침투하였는데 백혈구가 활동하지 않으면 결국 그 몸은 사망에 이르게 되듯이 교회의 생존을 위협하여 사탄의 영향력 아래 들어가게 하는 묵인하는 행동은 절대로 해서는 안 된다고 하는 것이 성경의 진리이다.

그러나 여기서 조심해야 할 부분은 그렇다고 해서 그런 죄를 범한 신자를 잘라내어 쫓아버리는 것이 능사는 아니라는 것이다. 치리의 목적은 그들을 바로잡는 것이지 결코 배척하고 외면하라는 말씀은 아닌 것이다. 그 이유는 그 역시 하나님이 사랑하는 자녀이고 고침 받아 돌아와야 할 탕자이기 때문이다. 탕자가 꼭 불신자만은 아니고 역시 신자 중에서도 탕자처럼 사는 이들은 교회가 온유한 마음으로 권면하고 권고하라고 되어있다(갈 6:1). 이는 교회가 건물이 아니고 바로 우리 성도들의 모임이기 때문이다. 한 지체가 병들어 있으면 잘라내는 것이 최선이 아니라 치료하고 고쳐서 온몸이 바로 회복되게 하듯 바른길로 인도하는 것이 하나님께서 원하시는 길이다.

연변과기대는 CIM(Campus Integrity Movement)으로 알려져 있다. 즉 정직운동이 오래전부터 시행되어 와서 연변과기대 졸업생은 누구든지 정직에 대한 부담감을 가지고 세상에 나아간다. 정직 운동을 실행하기 위한 운동의 중심에 무감독 시험이 있다. 본인 역시 오래전부터 무감독시험을 실시해왔다. 그러나 때로는 무감독시험에서 커닝하는 경우가 종종 있었다. 한국대학이든 중국대학이든 커닝에 대한 처벌은 모두 엄중하다. 나 역시 시험뿐 아니라 숙제마저도 상습적으로 베껴 내면 F를 준다. 시험성적으로 F를 받기보다는 커닝으로 F 받은 경우가 더 많다. 그러나 다른 중국대학과 달리 매 시험을 치기 전에 왜 커닝을 하면 안 되는지 최소 5분 이상 충분히 설명하고 시작한다. 핵심은 자신의 정직성이 많은 사람에게 감동을 준다는 것과 그것이 과기대의 뿌리고 정신이고 존재 이유라는 것이다.

그러나 때로는 그런 이야기에도 불구하고 커닝하는 학생이 있다. 무감독이어도 답안을 보면 다 알 수 있도록 문제를 내기 때문에 적발은 쉽다. 커닝한 학생을 1대1로 불러서 정직하지 못한 모습이 앞으로의 삶에 어떤 영향을 미치고 인생이 얼마나 비참해지는지, 이런 행위는 사나이답지 못하며 학교 이름에 먹칠하는 것임을 10분 이상 설득한다. 처벌이 목적이 아니고 바로잡는 것이 목적이기에 온 힘을 다해 부정직한 삶이 가져다주는 추한 삶의 결과를 자신의 경험과 함께 소개한다. 감사하게도 이들은 F를 달게 받으며 입술을 굳게 깨물고 앞으로 이를 거울삼아서 졸업 후 정말로 진실된 삶을 살겠다고 다짐했다. 눈물까지 글썽이며 반성하는 남학생들을 보니 나 자신이 숙연해졌다. 이것이 바로 처벌만 앞세우는 여타 대학과 다른 연변과기대의 모습이다. 이런 무감독시험과 또 다른 훈련을 통하여 그들은 오늘도 삶의 현장에서 다가오는 달콤한 유혹의 손을 학교에서 배운 정직 훈련으로 갈등하지만 뿌리칠 수 있게 된다.

오늘 말씀을 통해서 사랑이란 단어에 불의를 기뻐하지 않는다는 고린도전서 13장 말씀이 깊이 와닿는다. 답을 보여준 학생은 자신이 커닝한 학생보다 좀 더 괜찮은 사람이라고 여기고 당당한 모습으로 나의 사무실로 들어온다. 그들은 친구 사이에 흔히 통하는 의리를 지키는 행동을 했다고 여기고 있다. 그러나 나는 네가 더 나쁜 친구라고 단호하게 이야기한다. 친구가 지금 불 속에 뛰어들려고 하는데 넌 네 손으로 친구를 불구덩이에 밀어 넣은 사악한 행동을 하였다고 충고한다. 사랑은 결코 조폭 사이의 맹세와 의리와 달리 하나님의 거룩함과 멀어지는 시도에 분노한다. 이런 사랑을 조금씩 이해하여 내 몸으로 소화하며 성숙해가는 것이 우리가 가야 할 신앙의 여정이다.

고린도전서 5장 마지막 부분에는 조금 이해하기 힘든 내용이 나온다. 10절에는 우상숭배하고 토색하는 자와 전혀 사귀지 말라는 뜻은 아니라고 하는데 11절에는 음행하거나 탐람하거나 우상숭배하는 자와는 사귀지도 말고 함께 먹지 말라고 하고 있다. 두 구절이 약간 상반되는 것처럼 보이기 때문이다. 10절 내용을 보면 우리가 수도승처럼 어떤 외딴 산골에 들어가서 세상을 등지고 살아서는 안 된다는 내용이다. 우린 언제 어느 때 우리 주위의 불신자들이 하나님 앞으로 돌아올지 알 수 없기 때문에 끊임없이 그들과 접촉하며 복음의 등불을 비추어야 한다. 예수님께서 너희가 나보다 더 큰 일을 할 것이라는 말씀(요 14:12)을 하신 것도 우리를 통해서 복음이 전해지는 사명이 얼마나 가슴 벅찬 일인지 알게 하려 하심이다.

그러나 11절에 그들과 함께하지 말라고 하시는 말씀을 어떻게 풀어야 할지가 그리 쉬워 보이지는 않는다. 분명히 우상숭배가 같이 포함된 것으로 보아서 대상이 어떠냐에 따라서 행동을 다르게 하라는 의미는 1차적으로 아님이 분명하다. 만약 그렇다면 우리 불신자들을 분류해서 이 사람은 사귀고 저 사람을 멀리해야 하는 어려운 작업을 해야 한다. 여기서 사귀지 말라는 뜻은 그들이 가지고 있는 생각과 인생관과 가치관을 함께 나누지 말고 하나님 나라의 원칙과 기준을 지켜야 한다는 뜻이다. 즉 어떤 선택을 할 때 세상의 가치에 기준을 두고 선택해서는 안 된다는 것이다.

어느 날 캐나다에서 오신 목사님의 설교 가운데 나온 이야기이다. 예일대학 출신 전도사님의 설교가 있다 하니 그 교회가 설립된 이래로 예배실이 다 찬 일이 있었다고 한다. 설교가 좋아서 그런 것이 아니라 설교 끝나고 개인적으로 만나서 어떻게 하면 자기 자식도 예일대를 갈 수 있느냐를 상담하기 위해서 많은 학부모가 참석했다는 것이다.

교포사회에서는 김하버드, 최스탠포드, 박예일 따위의 이름을 흔하게 볼 수 있다고 한다. 그래서 그 전도사님이 학부모들을 다 모아 놓고 당신들은 천국 가기를 원하느냐 하버드 가기를 원하느냐고 물었다고 한다(Do you want Heaven or Harvard). 그런데 그들은 천국은 나중에 갈 수 있지만 하버드는 지금 가야 한다고 대답했다고 했다. 천국을 잘못 이해하면 이런 대답을 할 수밖에 없다. 그들은 예수님이 원하는 좁은 문이 아닌 세상이 원하는 좁은 문을 택하고 있다. 세상의 좁은 문은 가려 하는 사람이 많지만 예수님의 좁은 문은 찾는 사람이 적다. 성경이 원하지 않는 선택을 하면서도 교회를 나오는 신자인 것이다. 일류대학 가는 자체에 문제가 있는 것이 아니라 바로 일류대학이 그들의 전부이고 삶의 최상의 우선순위에 놓은 결과가 이런 모습으로 나타난 것이다. 고린도교회 교인들의 모습이 너무도 똑같이 현대교회에 나타나고 있다.

그들은 자녀가 천국 가는 것을 나중에 해도 되는 일로 여길 때 이미 우상숭배자들과 함께 식사를 하는 것과 같은 행위라는 것을 모르고 있다. 불신자들과 거리를 두고 자기들끼리 구별되어 예배를 드리고 있지만, 사실 그들의 희망과 요구는 불신자와 하나도 다르지 않다. 그들은 이 세상에서도 호의호식하며 무사히, 무탈하게 산 뒤에 천국까지 가려고 하는 약삭빠른 신자이다.

하버드나 예일과 같이 세상에서 좁은 문을 통과한 사람들이 모인 곳은 정글 법칙이 가장 심하게 적용되는 최고의 무대이다. 그러므로 여기서 신앙을 지키면서 살아남는 것은 여간 실력이 없는 게 아닌 한 대부분 정글 법칙에 동화되어 졸업하기가 쉽다. 일류대학 출신들이 이기적으로 경쟁적이고 비판적인 것도 다 정글에서 터득한 솜씨에서 나온 부산물이다.

물론 미국 일류대학은 한국보다는 봉사나 노블레스 오블리주의 정신이 뚜렷하지만, 그것은 하나의 치장이지 핵심이 아니다. 크리스천 학부모들이 이런 사실에 전혀 관심 없고 오로지 이 세상을 잘 살기 위해서는 일류대학을 나와야 한다는 지극히 세속적 사고방식에 따라서 행동하기 때문에 교회에도 이런 진풍경이 일어나는 것이다. 그러므로 일류대학을 갈 수 있는 크리스천 학생은 지성은 물론 뛰어나야 하고 영성도 제대로 갖춘 학생이어야만 견딜 수가 있다.

영성을 어떻게 알 수 있을까? 영적인 실력이 없는 자의 특징은 교만하다. 고린도교인들은 자기 그런 음행을 저질러 놓고도 교만했다. 즉 자신이 죄에 대하여 충분히 이길 수 있다고 여기는 교만이 있는 것이다. 나의 생각이 나의 실력이라고 여기면 안 된다. 교만이란 바로 자신의 생각과 실력이 같다고 여기는 것이다.

그러나 신자들 대부분은 자신의 지식을 자신의 실력으로 여기고 자만심으로 상대를 비판한다. 비판의 뒤에는 늘 자신은 그렇지 않을 자신이 있다는 허상이 자리 잡고 있다. 원수를 사랑하라는 말까지 가기 전에도 자신이 가장 사랑하는 배우자나 가족이 자신에게 자존심 상하는 말을 했을 때 어떤 반응을 보이는가를 생각해 보면 우린 영적인 실력이 형편없음을 근방 알게 된다. 그래서 순종과 실천을 해 보아야 자신의 현재 위치를 알게 된다.

우린 현재의 실력을 정확하게 파악해야 불신자들에게 나아갈 수 있다. 조폭 세계에 빠져 있는 친구를 구하려면 조폭들보다 더 주먹이 세어야 구할 수 있다. 우린 죄에 대하여 이길 힘이 생각보다 강하지 않음을 인식하고 늘 악으로부터 미리 도망가는 훈련을 해야 한다. 죄에 관하여 모두들 유혹의 기회를 미리 차단해야 한다. 《빙점》이란 소설은 인간이 죄에 대하여 얼마나 나약한지를 적나라하게 파헤친 소설이다. 겉으로는 너무도 행복하고 단란하게 보이는 의사 집 가정에서 일어나는 죄악된 모습이 바로 우리가 될 수 있음을 시사하고 있다.

자신의 현재 영적인 주소를 알았으면 우린 겸손할 수밖에 없고 실력을 키우기 위해 무릎을 꿇을 수밖에 없다. 그리고 부딪히고 넘어져서 다시 일어나는 영적인 걸음마를 계속하다 보면 우린 어느새 정상이 가까워져 오는 변화산을 보게 될 것이다. 그날을 위해 오늘도 평범한 하루의 삶이 나의 영적 시험지임을 알고 진지한 마음으로 임하게 할 것이다.

감사가 없는 이유

데살로니가전서 5장에서는 범사에 감사하라고 한다. 하지만 우린 범사에 감사하지 못한다. 감사하지 못하는 이유를 묵상해보자.

감사의 반대는 불평과 불만이다. 구약에서 가장 대표적으로 불만을 표현한 사건이 바로 민수기 11장에 나오는 광야에서 이스라엘 백성들의 불평이었다. 매일 계속되는 만나에 질린 그들은 애굽의 채소와 생선이 그리웠다. 그래서 모세에게 "우리가 종살이할 때는 먹고 싶은 것을 마음껏 먹었는데 지금은 이게 무어냐"고 불평했다. 그들은 노예에서 해방시켜준 은혜를 잊고 먹고 마시는 즐거움이 채워지지 않자 오히려 노예 상태를 그리워했다.

이처럼 감사 없는 삶은 내가 원하는 것과 하나님께 원하는 것에 차이가 날 때 생긴다. 우리가 원하는 것은 늘 무엇을 먹고 마실까에 우선순위가 앞서있다(마 6:24). 그러나 하나님께서는 그런 것은 염려하지 말고 먼저 그 나라와 의를 구하는 일 즉 하나님을 알고 그분을 즐거워하는 일에 관심을 가지기를 원한다. 그러나 우리가 그렇지 못하기 때문에 늘 우리는 우리 삶이 만족스럽지 못하다. 우리는 이 땅에서 어떻게 하면 잘 적응하고 살 것인가에 관심이 더 많기 때문이다.

중국 내에 위치한 한국 대기업에는 조선족 직원이 입사했다가 몇 달 안에 회사를 그만두는 경우가 많다고 한다. 그 이유는 조선족 직원들이 자신의 특별한 통역업무에 대한 추가적인 업무에 대하여 금전으로 보상받기 원해서이다. 그러나 한국 관리자들은 한족과의 형평성 때문에 급여를 올려줄 수 없어서 따로 회식 자리를 마련하여 위로하는 것으로 대신한다. 여기에 불만이 생긴 직원은 회사를 나가버린다고 한다. 한국 관리자들은 나름대로 특별대우를 해주었는데 감사는 없고 불평하는 것이 못마땅하다고 한다. 아랫사람이 바라는 것과 윗사람이 원하는 것에 차이가 생길 때 서로가 불만스러울 수밖에 없다.

　이처럼 하나님과 우리가 늘 긴장 관계에 있는 것도 바로 우리의 기대가 하나님의 바라심과의 차이가 너무 크기 때문이다. 그렇기에 우리는 매사에 감사하기 힘들다. 사도 바울은 자신은 능력 주신 자 안에서 모든 일을 할 수 있다고 했다(빌 4:13). 이는 바로 하나님이 원하시는 것을 사도 바울은 잘 알고 있었기 때문에 가능했다. 만약 이 구절에 나오는 능력이 세상을 살아가는 데 필요한 능력이라면 바울이 자신의 병을 위해서 3번이나 기도했는데 응답되지 않은 일은 설명할 수도 없다. 그래서 하나님이 어떠한 분이신지 알아야 기도가 응답되고 감사한 삶을 살 수 있다.

　하나님께서는 '내 백성이 지식이 없어서 망하는 도다'(호 4:7)라고 하셨다. 하나님을 알면 알수록 우린 감사할 일이 많아질 것이다. 우린 영원한 세계에 관한 관심과 거기서 통용되는 삶의 방식을 아는 데 우선순위를 두지 않는 한, 늘 감사보다는 원망과 불평을 할 수밖에 없을 것이다.

　두 번째는 사람에 관한 것이다. 인간은 자신에게는 관대하지만, 타인에 대해서는 가장 좋지 않은 점을 들추어내어 그것으로 남을 판단한다.

예수님께서는 내 눈을 가리는 들보는 보지 못하고 남의 눈에 난 티를 보는 인간의 죄성을 지적하셨다(마 7:3).

한두 번 상대가 잘못한 것을 가지고 우리는 항상 그랬다고 생각한다. 그리고 부분적으로 잘못한 일에 대하여 순간적으로 그 사람 자체를 원래 무능한 사람으로 단정하는 습성을 가진다. 그러므로 그 사람에 대하여 감사와 고마움을 표할 기회를 잘라버리고 상대가 실수하거나 잘못했을 때마다 그의 장점과 독특한 점은 사라지고 자신이 당하는 손해나 채워지지 않는 것들만 남는다. 그래서 미움과 증오의 단계까지 넘어가게 되고 과거의 실수가 파노라마처럼 엮여서 우리를 괴롭힌다. 약점과 실수를 용서하는 마음이 없으면 감사하는 삶은 그림의 떡이다. 그의 이마에는 주름살만 늘어날 뿐 감사의 기쁨이 파고들 틈이 없다.

감사하는 삶에는 늘 생명력이 쏟아져 나오고 활력이 넘친다. 그리고 그의 삶은 하나님의 영이 함께하여 창조력이 생각 속에 스며든다. 폭포수처럼 쏟아지는 넘치는 아이디어 덕분에 그의 삶은 늘 새롭고 재치 있고 웃음이 넘치는 삶이 된다. 그래서 그런 사람들은 항상 보고 싶고 찾아가고 싶어진다. 헤어져도 또 보고 싶은 하나님의 사람인 것이다. 우리도 이런 모습의 사람이 되기를 기대하려면 감사하는 삶을 먼저 살아야 한다. 이제 그 감사하지 않은 원인을 알았으니 몸으로 실천하는 일만 남았다.

독신주의와 결혼

고린도전서 7장 후반으로 넘어오면서 사도 바울은 독신주의가 더 좋은 것이라고 분명하게 주장하고 있다. 38절에 시집보내지 않는 자가 더 잘하는 것이라고 독신주의를 옹호하고 있다. 그러나 여기서 생각해 볼 문제는 왜 독신주의를 더 나은 것처럼 권고하고 있느냐는 것이다. 우린 너무 쉽게 은연중에 목사보다는 신부가, 권사보다는 수녀가 더 신령해 보이고 더 영적인 사람처럼 인식하기 쉽다. 실제로 불신자들은 목사가 결혼함으로써 세속화되어서 많은 비리와 부정을 저지른다고 여기고 목사보다는 신부에게 대한 호의적인 반응을 보인다. 그러나 성경은 결코 독신 자체가 결혼보다 도덕적으로 우월하다고 설명하지 않는다.

우리는 수도원이 결코 세상 속의 교회보다 더 거룩하지 않듯이 신부가 목사보다 더 거룩하지 않다는 것을 이해해야 한다. 그것은 바로 결혼을 어쩔 수 없이 할 수밖에 없는 이론적인 사상 때문에 생기는 것이다. 즉 영성이란 것이 자신의 내면에서 얼마나 하나님의 생각과 마음을 품느냐로 결정하는 것이 아니라 장소와 시간의 변화에 따라서 결정하려는 인간의 종교적 본능 때문에 파생하는 것이다. 이것은 마치 집에서 공부가 잘 안되는 학생이 도서관에 가면 잘 되듯이 자신의 집에서 기도가 잘 안 되는데 예배당에 오면 잘 되는 경우와 하등의 차이가 없다. 하나님은 자신의 감정과 선입관과 자기 생각으로 이해하면 바로 샤머니즘이 되어 정화수를 떠놓고 비는 무속신앙으로 전락한다. 기독교 신앙은 계시의 신앙이다. 즉 하나님께서 찾아오셔서 하신 말씀을 중심으로 우리 신앙이 나아가야 한다.

그럼 왜 바울은 독신주의가 더 좋다고 할까? 26절에 의하면 환란이 임박했으니 그냥 지내는 것이 좋다는 것이다. 임박한 환란이라고 해서 예수님의 재림에 국한하면 바로 사이비 종말론자들의 농간에 넘어간다. 1992년 10월 28일에 예수님이 오신다고 외친 다미선교회의 위세는 정말 강력하고 위협적이었다. 한국교회에는 종말론의 진정한 의미가 제대로 설교되지 않았던지라 다미선교회의 집중포화에 많은 사람이 동요하기도 했다. 이 백성이 무지해서 망한다는 호세아서 4장 6절 말씀이 너무 정확하게 들어맞는 사건이었다.

종말의 진정한 의미는 시간의 끝이 아니라, 이 세상이 전부가 아니며 새로운 세계에 대한 우리의 기대와 바람과 목표를 말한다. 즉 이 세상이 주는 어느 것도 행복과 안전과 영원을 보장하지 못한다는 진실을 향하여 세속에 의지하는 마음을 돌리는 것이다. 이런 면에서도 결혼도 마찬가지이다. 결혼 자체가 영원한 행복을 약속하지 않음을 인식해서 지금의 배우자와 함께 행복을 이루어가는 이 세상 사람의 생각에 벗어나 이 가정마저도 언젠가 사라질 현실을 인식하고 천국에 대한 기대와 열망을 가지고 살아야 한다는 뜻이다. 그러면서 사도 바울은 고전 7장 29절에 결혼한 남자에게 아내가 없는 것처럼 지내라는 주장이 무슨 뜻인지 드러나게 된다. 그리고 결혼의 진정한 목적과 의미를 새로게 빛게 된다.

우린 결혼에서 있어서도 사랑이 결정적인 것이라고 하지만 대부분 애정이나 좋아함 쪽으로 발달해 있는 편이다. 그래서 끝없이 상대에게 나를 향한 애정이 있는가를 검사하고 확인하며 갈등의 세월을 보낸다. 그러나 사랑은 희생과 상대방의 고통을 감수하는 것을 포함하고 있으며 결혼생활이 오래될수록 이 부분에 더 많은 노력과 비중을 두어야 한다.

만약 애정과 달콤함과 행복에 초점을 맞추는 결혼으로 시작하여 계속 진행되면 우린 하루에도 수십도 더 배우자에 대한 원망으로 마음속의 이혼을 경험하게 된다. 율법과 제도와 사람들의 눈 때문에 이혼할 수 없지만, 속으로는 매 순간 배우자와 단절되길 바란다. 이는 산상수훈에서 화를 내어도 살인하며 음욕을 품어도 간음하는 원리와 마찬가지이다. 끝없는 자신의 한계와 부족함을 결혼을 통해서 알게 된다. 나 자신의 기호와 욕심을 채우기 위한 생각과 행동은 배우자가 가장 잘 알고 있기 때문에 부부가 가장 어렵고 까다로운 관계이다. 그래서 배우자에게 존경받는다는 것은 하늘에 있는 별을 따는 것만큼 어렵다. 그러나 사랑의 쓰디쓴 부분을 이해하고 자신이 조금씩 죽는다면 우린 천국 사람으로서 첫발을 내디디게 되는 것이다.

결론적으로 이 세대를 본받지 않는 원리가 바로 이 땅에 뿌리를 두지 않은 천국의 소망과 사랑이다. 그러므로 독신이든 결혼을 했든 늘 하늘을 바라보고 살아야 한다는 의미에서 독신이 좋다는 것을 사도 바울은 선포하고 있다.

지진과 해일이 발생할 때마다 우린 이 땅의 행복의 닻이 믿을 것이 못 됨을 알아야 한다. 경주에 있는 김유신 장군의 비석은 1000년 이상의 세월이 지나면서 마모되어 새겨 놓은 글자를 알아보기 힘들다. 인간은 영원함을 간직하기 위하여 돌에다 흔적을 새겨보지만, 천국과 하나님을 제외하고는 결코 영원한 것이 없다. 그리고 거기서 흘러 나오는 사랑의 생명수는 애정과 욕망을 뛰어넘어 배우자에 대한 있는 모습 그대로의 수용과 고통을 나누어지는 희생적 삶에 눈을 돌리게 할 것이다. 또한, 결혼을 그리스도와 교회로 비유하는 하나님의 놀라운 경륜을 영광으로 이어주는 촉매가 될 것이다. 흘러가는 세월 속에 배우자의 거친 손과 주름살과 흰머리를 바라보며 우린 천국이 더욱더 선명하고 가까이 보이는 영적인 눈을 뜨게 될 것이다. 그리고 사랑 속에 숨어 있는 보석을 찾아서 오늘도 광부처럼 갱도를 향하는 힘찬 발걸음을 내딛게 될 것이다.

자존심

고린도전서 9장으로 넘어오면 사도 바울이 자신이 사도임을 밝히면서 자신을 드러내는 듯한 표현들이 나온다. 1절에 '내가 사도가 아니냐?' 2절 '내가 다른 사람에게는 사도가 아닐지라도 너희에게는 사도이니' 3절에 '게바처럼 아내를 데리고 다닐 권리가 없겠냐' 등등으로 사뭇 지금까지의 내용과 태도와는 다른 마치 삽입된 것 같은 느낌이 드는 말을 하고 있다.

2장에 언급한 것처럼 바울은 고린도교회에서 외모나 언변 그리고 사상적으로 사도로 인정받기 어려운 사람으로 대접받고 있었다. 특별히 헬라사상에 물든 고린도교인들은 정신이 진리에 도달해 있으면 육체는 자유롭게 하며 살 수 있다고 배웠다. 그런데 바울은 육체 역시 정신처럼 잘 다스리며 거룩하며 이웃을 위해서 사용할 것을 주장하자 그를 아주 무시하고 외면하는 분위기와 함께 사도의 진정성을 의심하는 단계에 이르게 된다.

이 정도 되면 대부분 자신의 자존심에 손상을 받고 하나님께서 주신 사도직에 대하여 강력하게 자기변호와 꾸짖음으로 반응하려고 할 것이다. 그러나 사도 바울은 결코 자신의 자존심 때문에 사도직을 들추어내지 않았다. 그는 오직 그리스도만 존귀하게 되기를 원했다. 그가 자신의 사도직을 언급한 것은 그리스도와 하나님의 권위가 드러나서 지금까지 자기가 쓴 내용을 바탕으로 고린도교인들이 하나님의 진리를 잘 수용하여 순종하도록 만들기 위함이지 결코 자신의 자존심을 회복하기 위한 변호가 아니었다. 바울은 고린도후서 12장 9절에서 그리스도의 능력이 나타나기 위해서는 오히려 자신이 더 약하고 보잘것없기를 원했다.

인간은 본성적으로 자존심이 상하는 것을 거부하고 높아지기 원한다. 사무엘이 말렸지만, 이스라엘 백성들은 왕을 원했다. 보이는 보호자가 필요했기 때문이다. 그러나 왕이 된 사울은 말할 필요 없고 다윗마저도 그 왕권을 이용하여 간음과 살인을 하는 월권을 하고 만다.

그런 면에서 선지자들은 힘을 가지지 못하고 하나님의 말씀을 일방적으로 대신 전하는 역할이기에 상대적으로 자존심을 세우는 일은 적다. 그래서 왕들에 비해 선지자들은 사무엘 상하와 열왕기 상하 속에서 하나님께 더 순종적인 모습으로 나타난다. 이는 원래 그렇다기보다는 선지자의 역할 때문에 어쩔 수 없이 순종할 수밖에 없는 부르심 때문에 그런 것이다. 그럼에도 불구하고 요나는 자기 나라의 원수인 니느웨가 회개하자 자존심이 상한다. 마치 내가 그렇게 미워하는 친척이 예수를 믿는다면 순간적으로 별로 달갑지 않은 것처럼…….

예수님께서 표적을 원하는 바리새인들에게 왜 하필 요나의 표적을 언급하셨는지 깊이 생각해 볼 일이다. 그만큼 자존심은 죽기가 힘든 것이다. 십자가에 자존심을 죽여야 부활할 수 있음을 성경은 이야기하고 싶어 한다. 내 자존심도 예수님을 믿고 다 죽은 줄 알았는데 가까운 사람에게 자존심을 건드리는 말이나 행동을 당하면 아니라는 것이 금방 탄로난다. 왜 그렇게 병이 낫지 않느냐고 걱정해 주는 척하면서 하는 이야기도 자존심을 건드린다. 내가 기도가 약해서 영성이 부족해서 그런가 하며 내 쪽으로 초점이 옮겨가며 좌절한다. 그리고 자녀가 공부를 못하는 것이 자녀의 장래가 걱정되기보다 먼저 남에게 창피하고 내 자존심이 상하기 때문에 아이들을 구타하는 부모가 되기도 한다.

인간 최초의 살인자인 카인 역시 자신의 제물은 받아들여지지 않고 아벨의 제물이 받아들여지면서 자존심이 상할 대로 상하여 아벨을 죽이는 죄를 범하게 된다. 비록 우린 직접 살인을 못하더라도 자존심을 건드리는 말이나 몸짓을 하는 상대를 만나면 하루에 수십 번도 더 마음속으로 죽이는 일을 한다. 예수님께서는 이런 것 역시 살인과 차이가 없다고 말씀하셨다. 이기적인 인간의 중심에는 자신이 높아지려는 본능이 자리잡고 있는데, 이것을 건드리면 인간은 폭발하여 언쟁, 다툼, 폭력, 살인으로 이어진다. 집단이 커지면 나라와 나라 사이에 전쟁이 일어나는 과정을 우린 역사를 통해서 보아왔다.

게다가 인본주의 심리학은 프로이트를 근간으로 하여 인간의 가능성과 이기적 자아 발견을 부추겨서 죄를 무력화시켰다. 그 결과 인간은 하나님 없이 자신의 부정적인 한계를 발견하고 개선함으로써 스스로 이상적인 단계에 도달할 수 있다는 가능성을 제시한다. 즉 경험과 성향에 따라 인간을 분류하여 각자의 강·약점을 분석하고, 상담과 의지와 훈련을 통해서 자신의 문제를 극복하려고 하는 시도이다. 그러나 성경은 인간은 질그릇이라고 한다. 아무리 들여보고 갈고 닦아도 진흙 조각이라는 것이다. 질그릇이 다르게 보일 수 있는 유일한 길은 그 속에 담긴 보배를 드러내는 수밖에 없다. 즉 그 질그릇이 부서지고 깨어져야 보석이 밖으로 드러나게 된다.

사도 바울은 바로 이 보배가 드러나길 원했다. 자기가 로마 감옥에 갇혔을 때 자신을 시기하던 자들이 사도라면 하나님이 보호해 주셔야지 어떻게 감옥에 갈 수 있냐고 했다. 그가 감옥에 갇힌 기회를 이용하여 그의 사도직을 음해하는 사람들이 기회가 왔다고 하면서 전도를 시작한다. 그러자 바울은 빌립보서 말씀에서 이런들 어떠하며 저런들 어떠하리, 전파되는 것이 그리스도이니 기쁜 일 아닌가 하고 고백했다. 그리스도가 전파만 된다면 자기는 밟히고 밟혀서 떡이 되어도 좋다는 것이다. 오늘 사도직을 옹호하는 것도 바로 그리스도가 높임을 받는 데 필요하다고 판단하여 자신의 자존심과 상관없이 그들을 위해 권고하고 있다.

우린 여러 행태의 자존심을 붙들고 있다. 카인과 미리암 같은 시기 질투적 자존심, 사울과 다윗과 같은 힘을 소유함으로써 가지는 우월감으로 쌓은 자존심, 요나처럼 원수의 번영에 분개하는 적개심, 예수님의 제자 요한의 허락 없이 귀신 쫓는 자를 금하게 하는 독점적인 자존심(마 9:38) 등등 우리에게 여러 형태의 자존심들이 가득 차 있다.

그러나 그중에서 가장 심각한 것은 역시 내가 다른 사람과 다르고 특별하기 때문에 하나님께서 부르셨다는 구원의 특권의식이다. 이것은 은혜를 모르는 가장 심각한 복음의 왜곡이고 신앙 성장에 가장 큰 암적인 존재와 같은 것이다. 사도 바울이 스테판을 죽이는 자리에 있었고 수많은 기독교인을 박해하던 자를 불러 주신 은혜 가운데 바로 죄인 중에 괴수라고 고백한 것은 결코 겸손의 표현이 아니라 진심으로 그렇게 생각하고 믿고 행동한 것이다. 그래서 그는 모든 것을 배설물로 여기고 버렸다고 했다. 그가 가지고 있으면 있을수록 그의 자존심은 바벨탑처럼 높아져 갔기 때문이다. 그래서 그는 약하면 약할수록 더욱더 강하게 다가오는 예수님을 체험하였기에 오늘 말씀의 사도직 옹호마저도 그리스도를 위함이라는 것을 분명하게 알 수 있다.

오늘도 묵상을 통하여 나는 어느 영역에서 나의 자존심을 높이려고 하고 있는지 기도 가운데 알기를 원한다. 특별히 남성 사역자들에게 있어 자기 이름이 세상 혹은 교계에 알려지고 싶은 명예욕에 따르는 자존심은 평생에 걸쳐서 피 흘리며 싸워야 하는 무서운 유혹이다. 그리고 부모에게 있어 자녀의 세속적 성취와 신분 상승 욕망 역시 뿌리치기 힘든 유혹이다. 교인들 중에 기러기 가족이 있다는 사실이 바로 이것을 증거하고 있다. 이런 자존심이 십자가로 처리가 되지 않으면 우린 늘 자유와 평강을 누리지 못한 채 비교에서 오는 안절부절과 자존심을 꺾는 사람에 대한 증오와 복수심 속에서 살아갈 수밖에 없다. 은혜와 질그릇에 대한 영적인 소화 능력이 자존심을 극복하는 열쇠인 것이다.

상급과 사랑

고린도전서 9장 17절에는 자신에게 상급이 없다고 한다. 그 이유는 사도직을 자신이 스스로 원해서 한 것이 아니고 하나님께서 부르셔서 시키셨기 때문이다. 이런 측면에서 우리의 부르심은 하나 같이 하나님께서 주도하셨기 때문에 우리 중에 어느 누구도 구원과 직분에 대한 보상을 요구할 수 없다. 그러나 18절에 오면 자신의 상이 있다고 한다. 즉 그 상은 복음을 전할 때 자신의 권리를 다 쓰지 않은 것이라고 한다.

그러나 이 상급은 우리가 생각하는 상급과는 사뭇 다르다. 어떻게 자신의 권리를 다 쓰지 않는 것이 상일까? 사도 바울이 고린도전서 전반에 걸쳐서 강조하는 것은 바로 복음을 전하는 것이고, 그 복음이 전달되는 방법은 지식에 있는 것이 아니라 상대방의 처지와 입장을 고려하는 온유와 겸손이 포함된 사랑에 있다. 이런 사랑은 결코 자연인은 스스로 가질 수 없기에 사도 바울은 하늘로부터 오는 보상 즉 상급이라고 하는 것이다. 물론 세상 사람들은 이런 상급에 전혀 관심이 없는 것은 당연하고 심지어 신자들도 이런 상급과는 거리가 먼 행동을 한다.

사도 바울은 모든 행동의 기준은 상대방을 기준으로 지식이 동적으로 움직인다. 마치 물처럼 자신의 성질은 변화하지 않고 긴 컵에 담으면 길게 보이고 넓은 사발에 담으면 둥글게 보이듯 자신의 모습을 상대방에 맞추는 삶을 살아왔다. 우상의 제물 역시 우상은 섬기지 않는다는 본연의 기본 입장은 변화하지 않지만, 우상의 제물은 우상이 없는 것이기 때문에 자유롭게 먹는다. 그러나 만약 자신을 바라보는 신자가 우상과 하나님의 존재를 모두 인정하는 수준이라면 자신은 우상의 제물을 먹지 않은 것이다. 그 이유는 제물로 인하여 우상을 인정하며 하나님의 권위에 순종하지 않는 모습으로 해석하여 바울을 바라보는 사람의 신앙 중심을 잃게 할 수 있기 때문이다. 그러므로 바울은 지식이 사랑으로 연결되지 않으면 절대적으로 완전하지 않다고 하며 그것은 무지한 것이라고 했다.

본인이 중국 여러 지방을 방문하였던 1998년 무렵 가는 곳마다 한국에서 파송된 선교사나 현지에서 목회하는 목회자를 만나서 서로 인사하고 생각을 나누는 시간을 가졌다. 그런데 이구동성으로 그들은 연변과 기대에 대한 부정적인 이야기를 쏟아냈다. 사역자가 너무 한 곳에 집중되어 있다는 둥 훈련도 받지 않은 사역자가 많다는 둥 온갖 비판과 흠집 내는 말을 쏟아냈고 심지어 성경에는 학교란 말이 나오지 않는데 무슨 복음과 상관이 있느냐고 반문하는 목회자도 있었다. 마치 자신이 가장 이상적이고 대단한 사역을 하고 있는데 너희는 도대체 뭘 하고 있느냐는 투의 말이었다. 편협된 시각에서 나온 이야기를 늘어놓는 느낌이 들었었지만 설사 그들이 옳다고 하더라도 상대방이 어떻게 기분 나빠하며 싫어할 것이라고는 전혀 고려하지 않고 그들은 자신들의 일방적인 지식에서 나온 의로운 칼을 휘둘러댔다. 마치 동료를 다 죽이고 혼자 독야청청 남아서 승리에 취해 있는 독불장군과 같은 얼굴을 하고 있었다. 선악과를 아는 지식에 사랑이 없을 때 얼마나 위험한지 실감 나게 경험하였다.

인간은 약점을 지적하고 고치라고 충고한다고 쉽게 고치지 않는다. 오로지 참고 기다리며 하나님께 기도해야 함에도 불구하고 인간은 자신이 할 수 있다는 교만이 앞서 쉽게 남을 고치려고 든다. 게다가 편협되거나 자신의 잘남을 증명하는 충고는 오히려 더 불편한 관계를 만들어 복음은커녕 원수로 만들어 버린다.

본인이 미국 유학 시절 아는 분의 인도로 처음 교회에 나갔을 때 목사님 설교가 지겨워서 나도 모르게 하품이 나왔다. 그런데 예배가 끝난 후에 박사과정에 있던 집사 한 사람이 오더니 예배시간에 하품했다고 꾸지람을 했다. 본인은 그때 일부러 그런 것도 아니고 자연스럽게 나온 하품에 시비를 거는 이런 교회에 왜 나가냐고 하고 그날로 교회를 나가지 않았다. 그리고 몇 년 동안 교회에 발도 대지 않았고 교회 사람이라면 이를 갈고 다녔다. 이처럼 지식과 판단은 사람을 살리지 못하고 죽여서 반감과 불화만 남기게 된다. 하나님 없는 이 세상에 지식이 부족하여 살기가 힘든 것이 아니라 바로 사랑이 부족하여 인생이 고달픈 것이다. 그리고 그는 그 지식과 선악 판단으로 인하여 한 영혼을 떨어지게 한 죄를 범하여 복음 사역의 방해꾼이 되어버린 것이다.

그래서 사도 바울은 이런 상급이 바로 사랑이라고 선포하고 있다. 결국, 이 모든 문제가 바로 사랑의 결핍 때문에 오기 때문이다. 상대방의 잘못에 대하여 참지 못하고 바로 반응하는 것은 사랑이 없다는 결정적인 증거이다. 그래서 사랑은 오래 참는 것이 먼저이다. 아무리 그 사람에게 대단한 능력과 산을 옮기는 믿음이 있더라도 참지 못하고 화를 내면 그것은 바로 그 사람을 지으신 하나님에 대한 도전이다. 그렇지만 사랑처럼 힘들고 어려운 일도 없다. 인내하기가 죽기보다 더 힘들 것 같은 때가 많기 때문이다.

본인이 잘 아는 분 중에 한 분이 북경에서 사업을 하는데 고용된 직원이 일하다가 갑자기 말도 없이 사라졌다. 그래서 수소문했지만 알 길이 없어 포기했는데 두 달 후에 다시 돌아왔다고 했다. 다시는 그런 일이 없겠다고 약속하고 또 사라지기를 6번을 반복했다고 했다. 즉 6번을 용서했다는 것이다. 정말 대단한 인내력이며 포용력이다. 성경은 이런 신자에게 A+ 학점을 주고 있는데 우린 오로지 능력과 믿음에 A+를 받기 원한다. 교회 안에서도 힘쓰는 사람들은 대개 후자이다. 그러니 교회에서 따뜻한 분위기를 느끼기 어렵고 서로 마음을 열기가 힘들다.

이런 사랑의 은사를 간구하지 않은 교회가 얼마나 심각한 죄를 범하고 있는지 사도 바울은 고린도전후서를 통해서 통렬하게 꾸짖고 있다. 오늘도 우리는 성경책을 옆에 끼고 예배에 참석하면서 과연 바울이 말한 그런 상급 즉 사랑에 대한 상급을 얼마나 간구하고 있는지 물어야 한다. 그리고 이를 악물고 참고 참는 훈련을 하면서 내 속이 새까맣게 타들어 갈 때 우린 진정 고린도전서 13장이 서서히 꿀처럼 달게 느껴질 것이다. 그리고 오늘 말씀처럼 사랑 이상으로 더 바랄 상급이 없다는 고백을 하게 될 것이다. 오늘도 나는 진정 꽹과리만 요란하게 두드리는 어리석은 신앙의 길에서 벗어나 가시밭 사랑의 길을 걷고 있는지를 묵상하며 자신을 살펴본다.

얼룩진 구원

고린도전서 8장과 9장에서 사도 바울이 고린도교인들에게 신앙은 그리스도를 알고 복음에 대한 지식만 있으면 이제부터 어떤 구속 없는 자유로운 행동과 자신들의 특권을 마음대로 사용할 수 있다는 사조의 어리석음과 오류에 대하여 지적하였다. 그리고 10장은 마라톤 선수와 권투선수에 비유하며 푯대를 향한 경주를 계속해야 하는 이유를 설명하고 있다. 즉 복음을 알고 몇 가지 신앙적 활동을 하는 것과 자신이 그 복음의 내용에 걸맞은 하나님의 사람이 되어 가는 과정은 완전히 별개의 것임을 구약의 역사를 통해서 제시하고 있다.

그 예가 이스라엘 백성이 모세의 지휘 아래 홍해를 건너는 사건을 그리스도를 통하여 구원의 길을 시작하는 신약 시대 교인들의 구원과 비교하는 것이다. 그러면서 1절에서 4절 사이에 무려 5번이나 '우리가'라는 단어가 나온다. 홍해를 건너고 신령한 음식을 먹었다는 내용에서 한 사람도 빠짐없이 모두가 그랬다는 것을 강조하고 있다. NIV 해석은 일부를 빼버려 그 중요성이 약화된 경향이 있다. 즉 하나님께서 시작하신 구원은 결코 빠짐없이 반드시 이루어 가시는 하나님의 신실하심과 철저하심을 보여주는 말씀과 동시에 혼자 구원이 아닌 모두의 구원인 것을 강조하고 있다.

컴퓨터 기기가 제대로 그 역할을 하기 위해서는 운영체제가 필요하다. 대표적인 운영체제로는 마이크로소프트에서 개발한 도스와 윈도우가 있다. 도스는 1980년대 IBM PC에 설치되어 모든 프로그램을 돌아가게 한 시대를 풍미한 핵심 소프트웨어였다. 그러나 90년대로 넘어오면서 윈도우 3.0을 출발로 윈도우 95, 98이 출시되면서 도스는 사라지고 윈도우 운영체제가 PC에 설치되어 각종 프로그램을 돌아가게 하였다. 문자를 입력해야 명령을 처리하던 도스보다 그림을 통하여 마우스로 명령을 수행하는 윈도우 운영체제가 사용자에게 인기가 있는 것은 자연스러운 추세였다.

홍해를 건너 광야와 가나안으로 가는 구원의 사건은 이스라엘이 바로의 지배를 벗어나 모세의 지도 아래 하나님의 자녀가 되는 변화는 마치 도스라는 운영체제 지배 아래 있다가 윈도우의 지배로 넘어가는 것에 비유될 수 있다. 윈도우 안에서 돌아가는 새로운 프로그램은 도스 영역에서는 돌아가지 않는다. 그 이유는 프로그램 구조가 완전히 다르고 운영체제와 사용자 프로그램 간의 통신방법 역시 달라졌기 때문이다. 즉 홍해를 건넌 이스라엘 백성이 다시 애굽으로 갈 수 없듯이 사탄의 영역에서 떠난 우리는 신분상 다시는 사탄제국의 백성이 될 수가 없다. 우린 새로운 피조물이기 때문이다(고후 5:17).

그러나 우린 옛 습관이나 육신적인 생각이나 행동을 완전히 처리되지 않은 채 신분만 변화했기 때문에 홍해를 건넌 이후에도 애굽에서 하던 우상숭배의 습관이 계속 남아 있다. 이는 비록 윈도우 운영체제이기는 하지만 과거에 도스 시절 사용하던 응용프로그램을 윈도우 운영체제에서 돌리는 것과 마찬가지로 과거에 쓰던 프로그램을 습관적 혹은 자신의 필요에 의해서 계속 돌리는 사람들이 있었다. 그러나 윈도우가 계속 발전하면서 도스 프로그램은 설 자리를 잃어갔다.

도스와 윈도우의 가장 근본적인 차이는 도스는 독점적이라는 것이다. 어떤 프로그램이 독점적으로 하드웨어인 메모리나 시스템장치를 사용할 때는 절대로 다른 프로그램을 사용할 수가 없다. 그러나 윈도우 운영체제는 동시에 두 개 이상의 프로그램이 동작할 수 있도록 허용한다. 즉 프로그램끼리 하드웨어를 공유하면서 자기 일을 하는 것이다.

영적인 세계에서도 사탄의 영역의 가장 중요한 특징은 바로 자신만을 생각하는 이기적 우상숭배이다. 우상숭배의 선행조건은 스스로 인생과 운명의 주관자로 생각하고 행동하는 것이다. 이것은 태양이 지구 중심을 돌고 있다는 천동설을 믿는 것과 같은 현상이다. 즉 자신을 중심으로 눈에 보이는 현상을 진리라고 믿는 사상인 것이다. 그래서 해가 동에서 서로 움직임을 보고 천동설을 믿게 된다. 그러나 천동설이 별의 움직임과 각종 천체현상을 설명할 수 없듯이 자신이 운명의 주체라고 믿고 인생을 살다 보면 반듯이 벽에 부딪히고 해결하지 못한 문제가 발생한다. 천동설이 천체현상을 설명하지 못하듯이……

그럴 때 인간은 더 강한 힘을 가진 세력을 찾게 되고 바로 그것이 우상인 것이다. 다행스럽게 이스라엘 백성은 우상 대신에 하나님을 그 세력의 주체로 믿고 홍해를 건너서 바로의 손으로부터 벗어난다. 그러나 모세가 시내산에 올라간 뒤에 하나님의 보이지 않게 되자 바로 금송아지를 만들어 섬긴다. 그들에게 애굽에 있을 때 길든 이기적 기질이 여전히 남아 있어서 하나님의 지배와 통치에 관심이 없고 자신의 욕심과 배를 채우는 삶을 버리지 못했던 것이다.

신분에 변화가 있었음에도 하나님을 사랑하고 서로 사랑하는 방식을 멀리하고, 오로지 자신의 지식과 방식이 옳다고 고집스럽게 믿는 이스라엘 백성의 삶은 서로 나누면서 일을 수행하는 윈도우 운영체제 아래서 고집스럽게 도스 프로그램을 돌리려는 고린도교회 교인의 행동과 유사한 것이다.

고린도교회 교인들은 이스라엘 백성들처럼 홍해를 건너고 반석의 신령한 물을 먹는 하나님의 손길을 체험하고도 계속해서 우상숭배와 간음과 불평을 함으로써 결국 가나안땅에 가지 못하는 지경에 이르게 된다. 윈도우 운영체제는 우리가 사용하는 응용프로그램을 하드디스크에 아주 깨끗하게 잘 보관한다. 그러나 우리의 욕심으로 과도하게 많은 프로그램을 지우고 설치하면 나중에 하드디스크가 누더기가 되어 보관된 자료가 이곳저곳 쓰레기처럼 흩어지게 된다. 하드디스크의 배치상태를 볼 수 있는 도구로 열어보면 자신의 응용프로그램들이 갈기갈기 찢어진 얼룩진 모습으로 분포되어 있다. 비록 프로그램이 돌아가지만 흩어진 프로그램 조각으로 인하여 속도도 느리고 때로는 컴퓨터가 얼어 버리기도 한다.

우리는 고린도교인처럼 끊임없이 이웃을 생각하지 않고 자기도취에 빠져서 우상의 제물을 먹는 것이 죄는 아니니까 무슨 문제가 있느냐고 반문하며, 믿음의 경주를 게을리하고 자신의 열심과 기호와 바람으로 채워 누더기 같은 컴퓨터 하드디스크와 같이 되어버린다. 하나님께서는 그런 조각난 구원을 원하시지 않는다. 그분의 손길 안에서 정렬된 아름다운 구원의 완성으로 영광 받기를 원하신다.

이를 위해서 성경은 세월을 아끼라, 때가 악하다고 했다. 하나님께서는 우리 속에 있는 우상숭배와 불평과 게으름을 광야에 파묻기 전에는 결코 천국 문을 허용하지 않음을 오늘 고린도전서 10장은 증거하고 있다. 그런 백성들은 광야에서 흩어서 뿌려버렸다고 원문은 표현하고 있다(고전 10:5). 얼마나 하나님께서 불순종과 우상숭배에 대하여 진노하시는지 옷깃을 여미고 말씀을 들어야 한다.

그리고 소수가 아닌 다수가 그런 징벌을 받았다는 사실은 더욱더 우리의 신앙을 진지하게 생각하게 한다. 모두가 홍해를 건넜고 신령한 반석의 물을 같이 마셨다고 바울은 이야기한 뒤 접속사 '그러나'를 힘을 주어서 말하고 있다. 그러나 그들이 멸망했다는 사실에 몸을 떨며 사도 바울은 오늘도 쉬지 않고 믿음의 경주를 하고 있다고 한다. 그리고 허공을 치는 일을 피하고 있다고 했다.

바울이 그렇게 느끼고 있다면 하물며 나는 어찌 한눈을 팔 수 있겠는가 하는 절박감이 엄습해 온다. 오늘도 난 고린도교인처럼 지식에 힘입어 내 기분대로 살고 있지 않은지 그리고 내가 하는 사역으로 내가 달려가야 길을 대신하면서 변명과 불평과 게으름으로 채우고 있지 않은지 성경은 준엄하게 묻고 있다. 내가 추구하는 게 지식의 포만감인지 아니면 사랑의 십자가인지…….

무감각이 주는 비극

고린도전서 10장에는 이스라엘 백성들의 우상숭배, 간음, 시험, 불평에 대한 하나님의 심판을 언급한 뒤 12절에 서 있는 줄로 생각하는 자는 넘어질까 조심하라는 말씀이 나온다. 이스라엘 백성이 지은 네 가지 죄의 공통점은 모두가 자신의 현재의 환경과 조건에 대한 불만에서 출발한다는 것이다.

인간은 물질적이며 가시적인 것에 대한 끝없는 무감각과 싫증과 불편을 토한다. 옛날보다 환경이 열악하면 불평을 하며, 꼭 같은 환경이 지속되면 권태와 식상을 표현한다. 그래서 늘 환경이 끝없이 개선되거나 새로운 자극이 있기를 원한다. 우상을 숭배하고 간음을 하려는 인간의 죄악은 모두가 이런 환경의 변화에 자신의 만족과 행복의 기준을 두는 것이고 시험과 불평은 현재의 조건이 과거보다 못한 상황에 대한 불만의 결과인 것이다.

인간이 사랑에 기초한 지식을 추구하지 않으면 인간은 늘 물질적인 존재와 새로운 것을 갈망하며 지식을 충족함으로써 자신을 만족시키려고 한다. 이러한 태도는 바로 현재 주어진 환경과 이웃에 대한 무감각한 상태를 유발한다. 즉 사물과 사람을 사랑의 대상이 아닌 자신의 눈과 욕구의 충족 대상으로 여기기 시작하면 소유의 대상이 되는 순간부터 무감각해지고 싫증을 느끼게 된다. 매일 비슷한 사람을 만나고 비슷한 일을 하는 인간에게 만약 현실적인 어려움과 가족 간의 책임감과 얽혀있는 구속력이 없다면 모두가 자신이 원하는 더 큰 자극적인 일을 향하여 달려갈 것이다. 온 세상은 난장판이 될 것이다. 하나님께서 이 죄 많은 인간에게 적절한 문제나 어려움을 주시는 이유도 인간이 무감각으로 깨어있기를 원하시는 훈련방법이기 때문이다. 건강을 잃어 보아야 가족의 중요성을 알고 실직해보면 자기 일의 소중함을 알듯이 인간은 스스로 그대로 두면 끝없이 헛된 욕망으로 달음질쳐 가는 죄악된 본성 때문에 적절한 시험을 주신다.

13절에 하나님께서 감당하실 시험을 주신다는 말씀이 서 있는 줄 알고 있다가 넘어질 것을 조심하라는 말씀 다음에 나오는 것도 예사롭지 않다. 우리는 환경이 개선되는 경험 즉 하는 일마다 성공하고 남보다 먼저 승진하고 자녀가 공부도 잘하고 말도 잘 듣고 아픈 사람이 없는 만사가 잘되어 갈 때에 서 있는 것으로 생각한다. 그러나 마태복음 7장에 비가 오고 바람이 불면 넘어지는 것은 모래 위에 세운 집이라고 예수님께서 말씀하셨다. 즉 집이 문제가 아니라 기초가 문제라는 것이다. 아무리 자신이 스스로 대단한 일을 하고 세상의 이름을 알리는 업적과 하나님의 일을 했다고 하더라도 그 일과 조건에 자신이 발을 딛고 있었다면 그것은 비가 오고 바람이 부는 날에 무너질 수밖에 없다.

즉 하나님과 이웃사랑에 근거한 기초가 아닌 모든 활동과 환경과 조건은 하루아침에 물거품처럼 허무하게 떠내려가고 자신은 비참한 상태에 놓이게 되는 것이다. 이 세상에 어느 것도 영원한 것이 없고 안전한 것이 없다. 역사는 우리의 찰나와 같은 인생을 설명하며 지진은 이 땅에 어느 것도 안전한 것이 없다는 것을 보여주고 있다. 우리가 안전하고 믿는 은행마저도 무너져내리는 현실을 보고 있고 이후 이런 위험으로 은행이 어떻게 무너질지 아무도 알 수가 없다. 오로지 천국에 보화를 쌓아야 한다는 말씀만이 진리로 나에게 와닿는다.

인간이 환경과 사람에 대하여 무감각해지는 본성은 하나님에 대한 태도에도 그러하다. 성경을 한번 읽고 교회 생활을 하면서 자신은 하나님의 말씀을 다 이해했고 알 것은 다 안다는 식의 행동을 취한다. 즉 하나님께 순종하기보다는 하나님을 소유하려는 본성 때문에 쉽게 하나님에 대해서도 권태와 무감각으로 대하게 된다. 그리고 자신이 하나님을 소유하고 있기 때문에 잘 알고 있다고 여기며 필요할 때마다 도움을 요청하면 들어주는 마술사로 취급한다. 그래서 성경을 보아도 더 이상 새로운 것이 없다고 여기고 매력을 다른 곳에서 찾으려고 한다.

현대 신자들에게 성경과 기도와 찬양이 영화나 드라마나 연주회나 전람회나 쇼 프로보다 더 인기가 없는 것도 바로 하나님에 대한 무감각 때문이다. 더 이상 자신을 자극하고 지적인 만족과 감정을 고조시키는 에너지가 없다고 판단하고 성경은 주일날 들고 가는 장식품이 되고 말았다. 그러나 영화와 드라마와 연주회를 주관하는 사람을 창조하신 하나님에게 더 이상 새로운 것이 없다고 여기는 행위는 넘어질 행동이다. 비가 오고 바람이 불면 다 쓸려 없어질 것에 마음을 두고 있는 한 하나님의 비밀에는 눈이 멀고 귀가 어두울 수밖에 없다. 시인은 우리가 매일 만나는 들풀과 야생화에서 숨은 아름다움을 찾아내지만 우린 무감각하여 그냥 들풀이구나, 야생화구나 하고 지나친다. 사랑의 눈으로 그 사물을 보지 않고 내 눈에 들어온 또 하나의 존재로만 인식하기 때문이다. 같은 원리로 우리가 매일 만나는 가족과 직장동료를 얼마나 무감각하게 대하는지 깊이 생각해 보아야 한다. 우리는 그들을 잘 알고 있다고 착각한다. 사랑의 눈으로 그들의 마음을 볼 수 없는 한 우린 매일 지나치는 사물과 사람에 관하여 나를 위해 존재하는 희생물로 여기는, 넘어지는 행동을 하며 살고 있는 것이다.

　사랑의 눈을 뜨고 자신의 방과 집과 가족과 친구와 동료를 다시 보라. 어제와 오늘이 절대 같지 않음을 알게 될 것이다. 사랑이 주는 신선함은 가구나 전자제품을 바꾼 새로움과 비교할 수 없는 신비의 미소를 안겨 줄 것이다. 여행이란 극단의 처방을 받지 않아도 우린 매일 지구와 천국을 오가는 세계 일주를 자신의 현재 공간 속에서 누리게 될 것이다. 이런 복음의 능력에 무감각하면서 단지 죄를 짓지 않고 살고 있다는 자부심이 얼마나 어리석은지를 오늘 말씀이 깨닫게 해주신다. 더 이상 우상의 제물을 먹고 마시는 일에 시시비비를 가리는 고린도교인이 되지 않고 하나님의 영광과 거룩함을 사모하는 자가 되기를 기도하며 다시 한번 주님의 십자가 앞에서 무릎을 꿇게 된다.

시험에 관하여

고린도전서 10장에 많이 등장하는 단어는 시험이다. 신약성경에 이 시험이란 단어가 38번이 나오며 뜻도 다양하게 쓰였다. 그래서 다 이해하기는 어렵지만 10장에 사용된 시험에 대하여 묵상해보기로 한다. 고린도교인들에게 교훈을 주기 위해서 출애굽기 17장과 민수기 21장에서 이스라엘 백성들이 하나님을 시험했다는 예를 들어서 고린도교인들도 하나님을 시험하지 말기를 사도 바울은 바랐다.

원래 시험이란 자신의 실력이 얼마나 되는지를 가시화하는 수단으로 인간은 태어나서 학업을 진행하는 과정에서 끊임없는 시험을 치르게 된다. 이런 시험은 오히려 하나님께서 우리의 믿음을 확인하시려고 했던 시험과 유사하다. 아브라함에게 이삭을 바치게 했던 시험과 같은 훈련과정에 있는 인간이 하나님의 사람으로 변해가는 과정 속 시험인 것이다.

그러나 이스라엘 백성들의 하나님에 대한 시험은 하나님의 신실하심과 돌보심과 능력을 의심하는 불순종에서 나오는 시험이다. 민수기 사건의 공통된 특징은 모두 다 먹고 마실 물이나 양식이 없었을 때 생긴 불평과 원망이었다. 인간의 특징은 아무리 그동안 지속적인 도움과 혜택을 주었더라도 한번 잘못하면 과거는 잊어버리고 현재 일을 꼬투리 잡아서 으르렁거린다. 이런 행위는 마치 숙주에 붙어서 피를 빨다가 더 이상 빨 게 없으면 숙주에 흠집을 내고 다른 곳으로 찾아가는 거머리와 같은 모습이다. 홍해를 가르고 쫓아오던 애굽 군사가 간발의 차이로 물속에 수장되는 광경을 목도한 이스라엘 백성이 물이 없다고 즉각 불평하며 하나님의 자비로우심을 의심하는 행위가 바로 하나님을 시험하는 것이었다.

인간의 하나님의 대한 시험은 바로 육적인 눈으로 하나님을 이해하고 해석하고 판단하기 때문에 생긴다. 하나님께서 광야 40년 동안 굶기지 않으시고 신발이 해지지 않게 하셨지만, 이스라엘 백성의 눈은 오직 마시는 생존에 목을 매고 있었기 때문에 광야 40년 동안 받아야 할 그들의 영적 훈련에는 눈이 멀어 있었다. 그렇기 때문에 하나님께서 주시는 만나에 질려 하고 광야에 대한 끊임없는 불평과 애굽에 대한 그리움을 토로하였다.

고전 10장 13절에는 하나님은 우리에게 감당할 시험밖에 주시지 않으며 피할 길을 예비하신다는 너무도 익숙한 말씀이 나온다. 흔히들 이 말씀을 우리가 어려움을 당할 때 견딜 수 있는 힘을 주고 언젠가는 어려움이 없어지고 더 나은 환경을 기대한다는 뜻으로 받아들인다.

그러나 앞뒤 문맥을 살펴보면 이스라엘 백성들이 광야에서 당한 환란과 시험과정과 연관시켜야 이 구절의 정확한 의미가 파악된다. 즉 감당할 시험을 주신다는 것은 이스라엘 백성들이 광야의 여러 시험을 통과하면서 육적인 욕심과 조급함을 죽이고 영적인 품격이 조금씩 개선되어 가기를 기대하시는 하나님의 경륜이 포함된 말씀이다. 실제로 그 백성 중에는 갈렙과 여호수아와 같은 하나님 마음에 합한 자들이 있었다.

감당할 시험밖에 주지 않으신다는 말씀은 환란의 크기에 비례하여 우리가 영적으로 이길 수 있는 실력이 자란다는 의미이다. 즉 거대한 파도가 우리를 덮치는 환경적인 위협이 닥쳐와도 그동안 갈고 닦았던 갈렙과 여호수아의 모습이 흘러나와 그 파도와 싸울 수 있는 영적 저항력이 생긴다는 것이다. 그것은 권투선수가 얻어맞는 맷집이 세어지는 것은 물론이고 상대를 넘어갈 수 있는 승리의 기쁨도 포함된 시험이다. 스테판이 돌을 맞았을 때 천사의 얼굴을 하고 있었던 모습이며 하박국 선지자의 고백처럼 포도밭에 열매가 없고 외양간에 송아지가 없어도 여호와 하나님 한 분으로 즐거워하는 영적 거인의 풍요로움인 것이다.

고전 10장에서 귀가 따갑도록 많이 언급된 우상숭배 역시 환경이 개선되면 좋은 대로 먹고 마시고 배불러서 하나님을 잊으면서 우상을 찾고 환경이 나빠지면 나빠졌다고 불평하며 우상에게 의탁하려는 인간의 모습을 고발한다. 인간은 끊임없이 하나님의 의도와 일하심이 만족스럽지 않다고 아우성친다. 그러나 하나님은 우리의 영적 유익에 필요한 만큼 공급하신다. 하나님과 인간 사이에 존재하는 긴장의 갈등에 대하여 성경은 이렇게 길게 적고 있다. 하나님에 대한 기대를 포기하고 애굽이란 우상에게 돌아가려고 하는 이런 불순종의 죄악된 찌꺼기를 결국 하나님께서는 감당할 시험을 주시면서 제거해 나가시는 것이다.

그러므로 오늘 사도 바울이 말하듯이 마라톤 선수나 권투선수처럼 뒤를 돌아보지 말고 끝없이 영적 진보를 위해서 달려야 한다. 그러려면 마치 권투선수나 마라톤 선수가 체중조절 하듯이 우린 불필요한 일과 사치와 헛된 소비습관으로 인하여 낭비되는 시간을 줄여야 한다. 또한 그들은 몸매관리를 위한 달리기가 아닌 거룩한 목표를 위해 뜀박질하고 있음을 깨달아야 한다. 뛰는 모습이 같을지라도 목표가 다르기 때문에 결승점에 와있는 사람이 누구인지는 자명해진다. 우리는 이 거룩한 사명인 복음전파와 거룩한 영광을 향해 달려가는 발걸음이 너무도 귀한 것임을 오늘 말씀을 통해 마음 밭에 새기면 '세월을 아끼라 때가 악하다'는 말씀(에 5:16)이 뼛속에 사무치게 될 것이다.

고린도전서 11장에 들어서면 성경에서 가장 어려운 부분이 나온다. 내용이 어렵다기보다는 고린도교회에 대한 사도 바울의 권고사항을 오늘날 현대교회에 어떻게 적용할 것인지가 어렵다는 것이다. 그 당시 상황은 일부 여인들이 머리를 가리지 않고 교회에 나오는 일에 대하여 바울은 그래서는 안 된다고 권면하고 있다. 지식과 은사가 충만한 일부 여성들이 자유를 누리고 싶은 마음에 머리에 쓰지 않고 예배를 나옴으로써 교회가 혼란스러워졌기 때문이다. 말씀을 깊이 있게 묵상하지 않고는 결코 쉽게 해결되지 않는다.

바울은 이 문제를 풀기 위해서 예수그리스도를 예를 든다. 즉 그리스도의 머리는 하나님이시라는 것이다. 분명히 하나님이신데도 불구하고 성부 하나님께 철저하게 순종하셨다. 요한복음 5장과 6장에서 자신은 성부 하나님께서 원하신 일만 하시고 자신을 위해 증거하면 참되지 않다고 한다. 능력과 수준이나 아무런 차이가 없으신 성자 예수님은 왜 그토록 철저하게 순종을 했을까? 이는 창세기 2장에서 하나님의 창조질서가 어떤 것인지를 완벽하게 보여주시기 위함이었다. 그 원리에 의하면 먼저 남자인 아담이 먼저 창조되고 하와는 아담으로부터 창조됨이 창조질서였다. 즉 아담은 하와로 인하여 완전하게 되고 하와는 아담을 돕는 배필로 순종의 관계를 이어가는 가장 이상적인 모습으로 그 역할을 부여받았다.

남자가 여성에서 나오는 것이 물리적 현상이지만 성경은 여자가 남자에게 나왔다고 한다. 즉 모든 책임과 결과를 남자가 지게 되는 것이다. 하와가 먼저 죄를 지었지만 하나님께서 "아담아 어디 있냐"고 하셨고 우린 아담의 원죄 때문에 예수님이 오실 수밖에 없었다고 로마서는 적고 있다. 아담은 하나님으로 부여받은 권위를 하나님의 영광을 위해 사용하지 못한 채 선악과를 먹음으로써 하와와 같이 에덴동산을 떠나야 했다. 이 이후 인류는 참순종과 사랑의 관계로 남녀관계가 이루어지지 못하고 힘을 지닌 남자가 연약한 여자를 학대하고 힘을 남용하는 굴종으로 이어지는 비극적 역사를 반복하게 된다. 그러나 21세기에는 그것이 역전되는 조짐도 보인다.

예수님께서 오신 이유도 바로 예수님의 순종과 성부 하나님의 사랑이 얼마나 완벽한 관계이며 창조질서의 위대함을 증거하기 위함이다. 이는 창조질서에는 반드시 대표하고 주관하는 리더가 있으며 또한 그 리더와 함께한 인격체는 그 리더에게 철저하게 순종하고 리더는 완벽한 사랑으로 그 인격체를 돌보는 관계를 의미한다. 이런 창조질서를 하나님께서 만드셨고 인간은 이 질서에 순응할 때 진정한 복이 임하게 됨을 창조사역부터 시작하셨다. 그리고 이런 원리는 생각과 사상으로 끝나는 것이 아닌 실제로 일어날 수 있는 일임을 보여주시기 위해서 예수님이 오셨고 예수님은 공생애 전체와 십자가에서의 죽음으로 그 일을 완벽하게 이루시고 승천하셨다.

그러나 순종은 결코 예수님께서 자신의 인격과 독립성과 자아를 버리신 것이 아니다. 여전히 성부 하나님과 평등한 수준에 있으시면서 자의로 순종하신 것이다. 그리고 그 순종과 함께 성부 하나님은 예수님을 자신의 몸처럼 사랑하시는 것이다. 이 원리는 예수님과 교회에 관계에 그리고 남자와 여자관계에 그대로 적용되는 것이다. 즉 남자는 예수님의 영광이고 여자는 남자의 영광이리라고 성경은 대비적으로 증거한다. 그 결과 예수님 안에서 새로운 피조물이 된 남자와 여자 모두 자신의 고유한 기질과 아름다움을 그대로 간직한 채 거듭나는 것이다. 평등은 역할과 고유함을 파괴하지 않는 평등인 것이다. 이런 면에서 순종하는 여성이 능력이나 수준에서 남성보다 못하다는 생각은 비성경적이다. 남성이 뛰어나서 대표로 세운 것은 결코 아니다. 서로가 있어야만 완전해지는 관계에서 만들어진 질서인 것이다.

이런 하나님의 창조질서의 원리는 시대의 흐름에 따라서 조금씩 다르게 적용되고 세상은 오히려 인간이 만든 그릇된 질서 문화에 의해서 지배를 받아왔다. 사회가 건전한 질서 속에서 지탱할 수 있는 근거는 바로 얼마나 성경적 질서와 원리를 잘 적용하는가에 달려 있다.

바울이 고린도교회에 권면하는 내용은 여자의 머리는 남자이므로 여자가 머리에 쓰지 않고 나온다는 의미는 남자와 관계없는 독립선언과 같은 창조질서를 위배하는 행동이라고 판단했기 때문에 금하는 것이다. 즉 그 당시의 풍습과 습관은 여자가 머리에 쓴다는 것은 남자를 둔 여인이라는 것을 표시하는 상징물이기 때문에 만약 쓰지 않고 나오면 남자의 권위를 벗어던지는 창조질서를 거부하는 행위로 여겨서 바울은 이를 말리는 것이다.

그러므로 오늘날 여인이 모자를 쓰는 이유와는 전혀 다른 사회적 배경이 있기 때문에 머리에 쓰고 안 쓰고는 중요한 문제가 아니다. 즉 하나님의 창조질서와 순종이 주는 의미와 사랑의 관계가 얼마나 중요한 하나님의 경륜인지를 알게 되면 남녀 모두 자신의 위치를 알며 자연적인 위치에 서게 되는 것이다.

이런 근본적 원리를 도외시하고 누가 주도권을 잡느냐의 각도에서 가정과 교회를 바라보면 거기에 어떤 답도 나오지 않는다. 머리에 무엇을 써야 한다고 지금도 쓰고 다니는 천주교식 성경 적용이나 이제 모든 것이 자유로워졌고 남녀평등인데 교회에서도 여성이 모든 일을 할 수 있음을 선포하고 역할의 구분이 없는 무성주의 역시 모두 우리가 경계해야 할 것이다.

역사적으로 타락한 인간이 만든 제도 아래서 여성이 혹사당하고 그 인권이 유린당한 것을 보상하기 위해서 남녀평등을 주장하는 것은 전적으로 성경에 근거해도 하등의 문제가 없다. 왜냐하면, 남녀는 평등하며 꼭같이 존엄하기 때문이다. 문제는 세속적 남녀관계 아래서는 순종을 요구하지 않고 인격과 존엄성을 파괴한 굴종으로 이루어져 있었다. 굴종에는 오직 인간의 지배와 피지배의 상하 관계가 존재하며 거기서는 사랑이 아닌 힘의 원리로 지배를 당한다. 창조질서의 원리를 무시한 모든 인간의 활동은 반드시 혼란과 무질서와 사회의 문제를 야기한다.

부부관계에서도 왜 순종이 잘 안 되는가? 바로 순종을 하는 여성이 남성으로부터 일방적인 지배와 독선과 항복을 요구당할까 두려운 것이다. 타락한 인간이 힘을 가지면 사랑을 놓쳐버린 비극적 역사가 이를 증명해 주고 있기 때문이다. 그리고 오늘날은 남녀가 서로 독립하여 필요성을 느끼지 못하도록 하는 문화가 팽배해 있다. 골드미스나 40대 총각이 많은 이유도 바로 순종과 사랑의 의미가 무엇인지 모르는 세속적 역사의 흔적이다. 고의적이라면 창조질서에 대한 도전적 행동이다.

또한, 이런 순종의 관계는 비단 부부관계에 국한되지 않는다. 같은 원리가 연륜이 많은 노인에게 공손하며 순종하며 자신의 고용주를 같은 방식으로 따르는 것이 바로 하나님께서 부여하신 가장 합당한 모습을 하는 것이다. 오늘날은 시장경제가 온 세상을 지배하기 때문에 연륜과 나이를 무시한 자본주의의 속성이 극대화되면서 젊은 사람이 나이 든 세대의 권위를 파괴해 버리는 흐름이 팽배해져서 이 사회는 더욱더 잔인해지고 메마른 세대로 변해가고 있다. 십계명에 부모를 공경하라는 말은 꼭 자신의 부모만을 이야기하는 것이 아니다. 하나님의 창조원리에 의해서 먼저 태어난 세대를 존경하는 것이 바로 순종으로 사랑으로 연결되는 생명의 역사이다.

오늘날 학교에서 집단 따돌림으로 자살하는 사건이 터지는 등 문제가 심각해지자 경찰청장이 자기 자리를 내어놓고 학교폭력을 근절하겠다고 한다. 수고와 노력은 가상하지만, 근본 원인은 그 가정에서 아내가 남편의 권위를 인정하지 않고 아이들이 부모에게 순종하지 않는 환경에서 창조질서를 무시한 결과라는 현실이다. 즉 그들은 질서와 권위 밖에서 자신들이 신이 되어서 마음대로 행동하는 패륜아가 될 수밖에 없다. 아버지는 돈 벌어 주는 기계로 전락해 버린 가정에서 어떤 권위와 질서와 올바른 분별력이 생길 수 있을까? 남편으로서 하나님 앞에 순종치 않고 거룩하지 않으며 책임과 분별력을 지니지 못하는 삶을 살며 도덕적이나 영적으로 부끄러운 일만 하는 세태 속에서 어찌 가정이 바로 설 수 있을지 되돌아보아야 한다.

그 답은 예수님께 있다. 이 세상 그 어느 누구도 예수님보다 순종을 완벽하게 하신 분은 없다. 예수님의 순종이 단순히 우리의 죄를 사하는 정도가 아닌 그 순종을 통해서 진정한 사랑의 관계가 무엇인지를 보여주는 깊은 의미가 담겨있다. 즉 성부 하나님께서 주도하시고 성자 하나님께서 자의적으로 순종하신 결과로 우리가 구원에 이르게 된 것이다. 즉 그 순종이 생명을 잉태한 것처럼 순종의 결과에 따라서 거기서 생명이 흘러나오는 것이다. 즉 순종이 없으면 사랑도 없고 사랑이 없으면 생명이 나오지 않고 죽음만 기다리고 있을 수밖에 없다.

예수님이 순종하셨기 때문에 교회가 생겨났고 하나님과의 화해가 이루어진 것이다. 즉 여자가 남자에게 순종하고 남자가 예수님께 순종할 때 부부간의 질서가 세워지고 그 가정을 통해서 불신자들이 하나님과 화해하는 역사가 일어나는 것이다. 권능과 기적과 온 천하를 창조하신 분이 순종으로 사랑의 역사를 이룬 것처럼 우리도 창조질서 속에 들어갈 때 온전한 사랑의 의미를 깨닫고 하나님의 형상을 가지게 되는 것이다. 그리고 거기에는 무질서가 발을 디딜 틈이 없어진다. 남자는 예수님께 여자는 남자에게 순종해야 하는 이 질서에 관한 원리가 마음에 깊이 와닿지 않으면 우린 아직도 자신이 신인 우상을 섬기고 있는 것이다. 그러면 다시 예수님을 바라보자. 그분의 순종이 나의 피와 살이 되도록 기도하며 순종의 열매를 먹는 기쁨을 누려보기로 하자.

성찬식

고전도전서 11장 후반부는 우리에게 너무나도 익숙한 구절인 성찬식에 관한 말씀이 나온다. 성찬식은 명확하게 주의 죽으심부터 재림까지 온 세상에 전하기 위함이라고 기록되어 있다(고전 11:26). 그리고 떡은 주의 몸이며 잔은 새로운 언약임을 기념하라고 성찬의 본질을 언급하고 있다(고전 11:23-25). 떡을 먹고 잔을 마시면서 주와 하나가 되는 영적인 일체감을 통해서 우린 새로운 피조물이 된 것이다. 즉 거기에는 어느 누구도 자신의 우월감과 뛰어남을 자랑하며 군림할 자리가 없으며 반대로 모자라고 부족하여 열등감과 소외감이 들어올 공간이 없는, 그야말로 모두가 꼭 같이 귀하고 소중한 생명체로 태어나는 곳이다. 인간은 모두가 동등한 대우를 받고 차별 없는 사회를 원하지만, 세상은 사탄의 영향 아래 있는 한 그런 모임은 불가능하다. 어떤 정치적 사상적 활동도 인간을 다 같이 귀하게 여기도록 실현할 수는 없는 것이다. 성경이 이를 증거하고 있으며 역사가 그것을 증명했다.

오직 그리스도의 죽음만이 새로운 피조물로 태어나게 하고 거기에만 진정 하나됨과 차별 없는 동등한 대우가 있을 뿐이다. 성찬식은 바로 그리스도와 하나됨을 통해서 이루어진 새로운 언약을 믿고 고백하는 공동체가 주의 죽으심만이 그것을 가능하게 한다는 것을 예수님이 오실 때까지 증거하겠다고 다짐하는 예식이다. 무슨 신비적인 결합으로 인한 초월적 감동과 느낌이 들어오는 예식이 아니라 예수님께서 제자들에게 행한 성만찬의 의식을 되풀이함으로써 그 의미와 원리를 기념하고 행하라는 뜻이다.

즉, 사도 바울이 이 성만찬의 의미를 끄집어낸 것도 바로 고린도교인들이 부자와 가난한 자, 그리고 삶의 여유가 있는지와 노동으로 인하여 시간 맞추기가 힘든 신자들 사이에 분쟁이 있기 때문이다. 성찬식을 통하여 그리스도 안에서 모두 한 몸이며 우월이 들어서는 것이 불가능함에도 오히려 성찬식을 통하여 부자는 자기 음식을 가져와서 먼저 먹고 가난한 자는 기다려야 했다. 그리고 여유 있는 자는 먼저 와서 먹고 생활전선으로 인하여 늦을 수밖에 없는 노예나 하층계급 신자는 빈 접시를 바라보기만 하는 성만찬이라면 차라리 하지 않는 것이 나을 뻔했다는 뜻인 것이다.

현대교회는 초대교회처럼 식사와 성만찬을 겸하지 않기 때문에 이런 문제는 없지만 어떤 성만찬 인도하는 목회자는 큰 죄를 짓거나 양심에 가책을 지은 교인은 성만찬에 참여하지 말 것을 선포하기도 한다. 물론 이 말씀은 사람이 자기를 살핀 후에 이 떡과 잔을 들라는 28절 말씀을 적용하여 그렇게 인도한다. 그러나 이 말씀은 지금 바울이 부자와 가난한 자를 차별하는 고린도교회를 꾸짖는 말씀 가운데 나온 말씀이다. 오해가 없도록 바울은 이 말을 한 뒤에 또다시 33절 34절에 성만찬 때 먼저 먹지 말고 기다리고 배가 고프면 집에서 먹고 오라고 이야기한다. 다시 말해서 먼저 먹는 자를 꾸짖으며 그런 행위가 자기의 죄를 먹고 마시는 것과 같다는 의미에서 살피라는 의미인 것이다.

  그런데 이 구절을 따로 독립시켜서 큰 죄를 지으면 성만찬에 참여하면 안 된다는 발상은 천주교식이다. 죄를 대죄, 중죄, 소죄로 나누어서 죄에 따라서 해결법이 다른 것 같은 비성경적인 주장인 것이다. 양심에 가책이 되는 죄 역시 무슨 의미인지 애매하며 설령 그런 죄가 있더라도 자백하면 용서해 주신다는 성경 말씀은 왜 적용하지 않는지 의아스럽다(요일 1:9). 교회는 죄인이 모인 곳이며 모두가 계속 죄를 짓고 회개하며 한량없으신 하나님의 사랑으로 용서받고 다시 세상으로 나가는 곳이다. 그런데 큰 죄인은 성만찬에 참여할 수 없다면 이는 마치 목욕탕에 가는데 때가 너무 많아서 들어갈 수 없다고 생각하여 어디 가서 때를 조금 문질러 제거하고 가는 것과 어떤 차이가 있는지 살펴볼 일이다. 즉 또다시 큰 죄와 작은 죄를 구분함으로써 고린도교회처럼 분리와 분파를 나누려고 하는 결과를 초래하는 성만찬이 되고 있다는 사실은 다시 재고되어야 할 것이다.

  그러나 이런 성경해석의 차이에 의한 성만찬의 문제보다 더 심각한 것은 성만찬을 드리고 나서 여전히 교회 안에 남아 있는 계급의식이다. 사회에서 우대와 특권을 누리는 사람들이 여전히 교회에서도 같은 지위를 누리려고 하는 모습은 여전히 존재한다. 장로와 권사들의 대다수가 신앙적 연륜과 성숙도에 의한 것이 아니라 사회적 기득권에 있는 사람이 많다는 것은 부자가 천국 들어가기 어렵다는 말씀과 많이 위배된다. 또한, 신령한 은사의 유무에 따라서 영적 등급을 매기려고 하는 신비주의적 차별 역시 교회 안에 만연된 계급의식이다. 성만찬은 바로 이런 특권의식과 천상천하 유아독존적 구별된 선택의식을 무너뜨리는 의식임에도 불구하고 그 원리와 목적이 왜곡되어서 자신의 실존적 영적인 문제해결을 위한 예식으로 탈바꿈되어 버렸다.

교회 문을 들어서면서 아직도 나는 다른 사람들과는 다른 무엇이 있고 비교하고 싶은 마음이 남아 있다면 성만찬에서 사도 바울이 이야기하는 그 하나됨과 다른 것을 서로 소중히 하나님의 마음을 품을 수 있도록 기도해야 한다. 이런 일에 철야기도를 해야 하는 것이다. 왜냐하면, 자기를 살피라는 말의 핵심 속에 숨어 하나됨을 방해하는 죄가 가장 무섭고 심각한 죄이기 때문이다.

교회는 성만찬을 더 자주 드려야 할 것이다. 주님께서 우리를 아시고 골고다로 가시기 직전에 제자들에게 베푸신 것이다. 얼마나 우리는 요한과 야고보의 어머니처럼 특별한 자리를 원하는지 예수님께서 알고 계신 것이다(마 20장). 성만찬을 드리며 예수님의 마음과 공명되는 은혜가 함께 하기를 갈구한다.

신령한 은사

고린도전서 12장은 '신령한 것'에 관하여 바로 알기를 원하는 바울의 간절한 마음이 담겨있다. 한글 개역성경은 '형제들아'로 시작하고 그다음에 '신령한 것'이 나오는 순서로 배열되어 있다. 그리고 현대인의 성경은 '형제 여러분'으로 시작하여 한참 뒤에 이 말이 나온다. 그러나 원문에는 '신령한 것'은 문장의 처음에 등장한다. 그동안 고린도교인들이 스승에 따라 분파되고, 형제끼리 송사하여 돌아서고, 우상에 바치는 제물로 서로 불신하고, 성찬으로 마음이 상하지 않았던가. 그들의 이러한 행동이 신령한 은사에 다시 나타남을 시사하면서 엄하게 질책하기 위해 바울은 하나님의 뜻을 담아 '신령한 것'을 서두에 둔 것이다.

이 신령한 것에 대한 범위와 해석과 적용은 신학적으로 오랜 논쟁의 대상이 되어온 주제로 이를 서로 다르게 해석함으로써 교파가 나누어지는 결과를 초래하였기 때문에 더 이상 언급을 이런 글에서는 하기를 원하지 않는다. 다만 성경에서 은사를 주는 이유와 원리를 잘 알아서 자신과 교회에 유익이 되는 쪽으로 이해하고 적용하는 것이 절실하게 요구되고 있어서 잘 소화하여 유익함을 누리기를 원한다.

고린도전서 12장 전반부에서 가장 많이 나오는 단어가 바로 '여러 가지'와 '하나'이다. 즉 사람의 모습과 기질과 선호도가 다르듯이 은사는 여러 가지로 나타난다. 교회가 군대와 다른 점이 바로 이런 다양함을 인정하는 자유로움이다. 그러나 그리스도 안에서 하나가 되면서도 다양함을 유지해야 한다. 군대조직은 하나됨에 문제가 없지만 획일적이다. 그래서 군대조직은 콘크리트 담에 비유할 수 있다. 콘크리트 벽돌 하나하나가 전혀 다른 점이 없는 같은 모습으로 붙어서 한 목적을 위해서 존재하는 것이다. 그러나 교회는 마치 제주도에 있는 돌담과 같은 모습이다. 각자 다른 모습으로 뭉쳐서 담의 역할을 감당하고 있다. 그래서 돌담이 콘크리트보다 아름답다. 다양한 은사가 주는 아름다움이다.

즉 은사 역시 교회 안에서 다르게 주어지지만 바로 하나 되어 모두가 같이 그리스도의 장성한 분량에 이르도록 힘을 다하는 접착제 역할을 하는 것이다. 그런데 은사를 받으면 하나가 되는 유익한 일에 사용하기보다는 자신이 남과 구별되고 더 높은 영적 단계에 머물러 있는 것 같은 교만함이 드러나 결국 그 은사로 인하여 교회가 나뉘는 전철을 밟게 된다.

본인이 신앙생활을 시작한 지 2년 정도 되었을 무렵 우리 유학생교회에 전자과 박사과정이 끝나서 곧 떠날 날이 얼마 남지 않은 유학생이 나오기 시작했다. 교회의 구역모임에도 참석하고 나름대로 열심히 있었지만, 그 중에도 은사에 대한 사모함이 남달리 컸다. 그래서 사람들만 모이면 방언의 은사를 받고 싶다고 공개적으로 이야기를 자주 했다. 그러던 어느 날 그가 금요일 저녁 기도회에 처음으로 나왔다. 나도 10명 정도 나오는 소그룹 기도회에 계속 나가고 있었다. 나 역시 성령의 은사라면 교회에서 누구 못지않게 관심이 많았고 미국교회에서 은사집회가 있다고 하면 친구 유학생 집사님들과 함께 참석하였다. 본인은 그 시점 6개월 전에 하나님께서 방언의 은사를 주셨다. 교회에서 QT 리더로 처음 시작하는 아침에 갑자기 방언이 나오기 시작했다. 그 이후 기도하는 것이 너무 좋아서 몇 시간씩 방언 기도를 하기도 했다. 그래서 금요일 저녁에 불을 끄고 개인 기도를 할 때마다 방언으로 기도하고 있었다.

어느 날 교회 금요 기도회 때에 그날 기도회의 리더 집사님께서 기도 제목이 있느냐고 모두에게 물으셨다. 그러자 처음 나온 그 유학생은 기다렸다는 듯이 자신은 오늘 방언을 받았으면 좋겠다고 했다. 그 당시 우리 교회는 목사님이 공석이어서 거의 목사님 역할을 하고 계시던 그 리더 집사님께서 갑자기 나에게 나중에 손을 잡고 기도해 주라고 부탁하셨다. 남의 손을 잡고 기도해준 경험이 없는 본인은 생소한 부탁이지만 순종하며 그리하겠다고 했다. 공동기도가 끝나고 불을 끄고 개인 기도가 시작되었다. 한 시간이 지나자 나는 일어나서 근처에 무릎 꿇고 있는 그 유학생에게 다가가서 손을 잡고 기도를 했다. 처음에는 아무런 반응이 없더니 3분 정도 지난 뒤에 그 형제의 입에서 방언이 흘러나왔다. 나 역시 기뻤고 놀라운 체험이었다. 개인 기도가 끝난 후에 교제 시간에 다 모여서 그 형제의 간증을 들었다. 본인이 형제의 손을 잡는 순간 100만 볼트 전기가 자기 몸으로 흘러들어오는 것과 같은 느낌과 함께 숨이 멈추는 것 같은 강한 충격이 있어서 몇 분 동안 꼼짝을 못 하다가 평안이 몰려오며 방언이 나오게 되었다고 정말 기뻐했다. 그 간증을 듣고 우린 모두 하나님께 영광을 돌리고 헤어졌다.

그 이후 몇 주가 지난 어느 날, 고참 집사님 한 분이 나를 찾아오셔서 그 방언 받은 형제가 자신이 방언 받은 사실을 만나는 사람마다 이야기하며 자랑을 하고 다닌다고 했다. 거기까지는 참을 수 있지만 방언도 받지 않은 사람들이 집사를 해서는 안 되고 모두 방언을 받을 수 있도록 스스로 직분자들은 힘을 써야 한다고 주장하며 다닌다고 했다. 지금 그 상황에서 그를 막을 수 있는 사람은 나밖에 없다고 하면서 조언을 해주라고 언질하였다.

방언에 관하여 나도 연루되어 있었고 나 역시 교회 생활이 얼마 되지 않은 상황인지라 질서 차원에서 그의 행동을 저지할 필요가 있다는 생각이 들었다. 그 길로 그를 찾아가 그런 식으로 행동하는 것은 교회에 분란을 일으키는 일이라고 삼가 달라고 타일렀다. 그러나 그는 오히려 내가 너무 조용히 있다고 나무랐다. 더 이상 이야기가 통하지 않는 사람이 되어버린 그를 나는 저지할 수 없었다. 그 이후 그는 계속해서 그 은사를 자랑하며 한동안 교회를 시끄럽게 하다가 졸업과 동시에 교회를 떠났다.

그 이후 나 역시 방언의 은사가 주는 폐해를 겪고 나니 한동안 방언으로 기도하는 것을 접었다. 이 사건은 개인적으로 성령의 은사에 대한 새로운 시각을 가지게 하였고 참된 신령한 것이 어떤 것이며 진정 하나님께서 원하시는 것이 어떤 것인지에 더 초점을 가지게 되는 계기가 되었다. 그리고 더 이상 나 자신도 미국교회의 은사집회에 참석하는 일은 하지 않게 되었다.

은사 자체는 하나님께서 주신 귀한 것이지만 그것을 잘못 사용하면 오히려 더 무서운 죄를 짓게 되는 도구로 전락할 가능성이 크다는 것을 알게 되었다. 즉 성령님을 한 인격체로 교제의 대상으로 여기지 않고 자신이 무언가를 할 수 있는 힘과 능력의 대상으로 여기게 되면 오로지 자신의 유별남을 자랑하는 쪽으로 은사가 드러나게 되어 교회 안의 다른 지체를 실족시키게 된다. 많은 부흥 목사님들이나 기도원 원장들이 욕을 섞어가며 인격모독적인 호칭을 쓰는 것 역시 성령을 힘으로 여긴 결과이다. 그래서 바울은 12장을 정리하며 13장에 사랑으로 연결시킨다. 모든 은사가 사랑으로 끝나지 않으면 그야말로 허공을 치고 엉뚱한 목적지를 향해 달려가는 것이다. 능력의 은사집회를 사모하기보다는 온통 우리의 사랑을 필요로 하는 우리의 삶의 현장에서 사랑의 은사가 발휘될 수 있도록 금식 철야 기도를 해야 할 것이다.

오늘도 성경을 보면 볼수록 나 자신이 늘 얼마나 빗나간 신앙을 가지고 있는지 또 다시 궤도 수정을 하지 않을 수 없다. 주여 긍휼을 베풀어 주시옵소서.

사랑 없는 삶

사도 바울은 고린도전서 12장까지 교인의 행동에 대하여 거침없는 질타와 바로잡는 권고를 계속하였다. 그중에서도 12장에서는 은사를 덕스럽게 사용하지 못한 모습을 꾸짖고 있었고 그 경책은 아직 끝나지 않고 14장에 계속된다. 그러므로 13장은 삽입된 글처럼 여겨지기도 한다.

그러나 우리가 알다시피 이 삽입된 부분이 성경에 가장 널리 읽히고 회자되고 사랑받는 장이며 수사학적으로 최고의 문장으로 꼽고 있다. 그러므로 결코 바울의 주된 주장을 보조해 주는 장이라고 할 수가 없다. 오히려 바울은 그렇게 장황하게 고린도교인들의 일거수일투족에 대하여 불만족스러운 부분을 자세히 들추다가 결국 13장에 와서 이 모든 죄악된 행동은 사랑의 결핍에서 나오는 것이라는 클라이맥스에 다다른다.

사랑이 없는 모습을 세 가지 경우로 구분하였다. 첫 번째 경우 아무리 방언과 천사의 말을 하더라도 사랑이 없으면 허공의 메아리와 같다고 한다. 물론 본문은 예배 중에 방언을 하더라도 사랑이 중심에 없으면 아무런 소용이 없다는 뜻이다. 방언은 개인에게 영적인 유익을 위해서 주는 하나님의 은사임에도 불구하고 다른 사람 앞에 자랑으로 나올 수 있다.

은사뿐 아니라 특별한 사람에게 주어지는 능력, 지위, 권세 등이 있으면 아이러니하게 그 외형적인 조건 때문에 진실된 마음으로 교제하기가 어렵게 되는 경향이 있다.

창세기 50장에서 야곱이 죽자 요셉의 형들은 요셉이 자신들의 과거의 죄에 대하여 앙갚음할까 두려워서 용서해 달라고 하며 요셉 앞에 엎드린다. 요셉은 그때 울었다고 성경은 기록하고 있다. 그동안 자신은 그들을 피를 나눈 형제와 같이 생각하여 낯선 애굽 땅에서 불편하지 않도록 배려하고 진심으로 대해주었다. 그러나 형들은 아직도 자신을 총리라는 권력으로 대하며 두려워 떨고 있었다. 이런 모습에 요셉은 깊은 고독감을 느꼈을 것이다.

인간은 사랑을 먹고 살지 결코 권세와 힘을 먹고 살지 않는다. 영화와 드라마의 많은 주제 중의 하나가 재벌 그룹의 아들딸들에게 순수하게 사귀려는 사람이 드물다는 것으로 시작한다. 그리고 진작 그런 사람이 나타나면 부모의 마음에 들지 않는 신분과 조건을 가진 상대이기에 부모와 자녀 간에 갈등을 겪는 이야기로 전개되는 것을 흔히 보아왔다.

우린 자녀들이 순수한 사랑에 눈을 뜨고 사랑이 무엇인지 알도록 기도해야 함에도 불구하고 끊임없이 이 세상에서 성공하기 위한 이런 권력과 힘과 능력과 재물을 달라고 기도한다. 그 결과 그런 자녀들은 부모와의 관계에서도 순수한 마음으로 대하기보다는 유산까지 탐내며 서로 싸우는 밀림의 짐승이 되어버린 모습을 노년에 경험하기도 한다. 예수님께서 요한복음 15장에서 친구를 위하여 목숨을 버리면 바로 예수님의 친구라고 하셨다. 우리가 하나님을 만나는 자리에서 하나님께 잘못하였다고 늘 엎

드려서 떨고 있고 또한 도움만 청하고 힘과 능력을 달라고 기도한다면 하나님은 요셉처럼 외로움을 느끼시게 될 것이다. 우린 하나님의 그 외로움을 깊이 느껴야 할 것이다. 목숨을 내놓으시면서 우리와 교제하기를 원하시는 하나님을 우린 총리로 대하고 있는 것이다. 그리고 요셉처럼 총리가 될 지혜와 믿음을 달라고 하며 총리가 되기 위한 요셉의 특징을 일일이 열거하는 설교를 우린 많이 들어왔다. 우리가 하나님의 고독을 알면 총리보다는 요셉이 흘리는 눈물의 깊은 의미가 내 영혼을 흔든다.

그리고 천사의 말을 하더라도 사랑이 없을 수 있다. 12장까지 언어를 주로 분쟁과 다툼과 논쟁의 도구로 사용하는 측면에서 질책이 있었지만, 결국은 듣기 좋은 말을 하더라도 사랑이 없으면 공수표라고 말한다. 인간은 대상이 있는 앞에서는 특별히 악한 감정이나 사건이 없는 한 좋게 이야기하고 과장까지 하게 된다. 과장이 지나치면 아첨이 되는 것이다.

아첨은 말하는 사람들을 거짓 속에 몰아넣고 듣는 이를 교만하게 만드는 해악을 가지고 있다. 이 아첨에서 자유로워질 수 있는 유일한 길은 주를 대하듯 사람을 대하는 것이다(골 3:23). 나의 마음을 꿰뚫어 보고 계시는 하나님을 의식하면 우린 결코 아첨할 수가 없다. 사랑은 불의를 기뻐하지 않기 때문에 과장과 아첨은 사랑과 같이할 수 없는 것이다.

두 번째로는 예언과 믿음에 관한 부분에서도 사랑이 없으면 말짱 도루묵이라고 기록되어 있다. 우린 옳고 그른 것을 잘 가르쳐 주면 사람이 변하고 고마워하리라 생각한다. 그러나 실제로 초등학교 때부터 도덕과 교양을 배워온 학생들이 시간이 지날수록 더 심한 범죄로 물드는 것을 보면 인간은 옳고 그른 것을 안다는 사실만으로 바뀌지 않음을 알 수 있다. 사람을 변화시키는 것은 하나님의 간섭과 사랑만이 가능하다는 사실이 바로 예수님의 십자가에서의 죽으심이 왜 필요한지를 증거하고 있다. 그러므로 우리가 믿고 옳다고 생각하는 것을 주장하고 펼칠 때는 많은 기도와 숙고와 인내 가운데 행해져야 한다.

또한, 자신이 옳다고 주장하는 사람들 대부분은 거의 상대방의 약점을 공격하거나 보복심리를 감춘 채로 정당성을 피력하는 데 자신의 바른 주장을 사용한다. 교회 안에 따뜻한 사람이 적고 면도날처럼 예리한 사람이 많다면 그 교회는 바로 고린도교회처럼 냉랭하고 문제가 많은 교회인 것이다. 그래서 신앙이 성숙할수록 말이 적어지고 귀는 더 예민해지는 것이다. 그런 분의 말은 바로 은쟁반에 아로새긴 무늬와 같고 잘 박힌 못처럼 그 상황을 가장 사랑스럽고 진실하게 대변한다. 예언의 은사 속에 숨은 사랑의 법칙을 바울은 우리에게 오늘도 알기를 원하고 있다.

마지막으로 구제하고 몸을 불사르는 행동이 있더라도 사랑이 없으면 아무것도 아니라는 것이다. 이 진실은 바로 아무리 선하게 보이는 행동이라도 거기에 불순물이 들어간 동기가 있다는 것이다. 세상에서 가장 순수하다는 부모와 자녀 간의 사랑 안에도 불순물은 존재한다. 자녀들에게 무시당하지 않으려면 상속을 일찍 해서는 안 된다는 진리 아닌 진리가 떠도는 것도 재산이 없음으로 인하여 무시당할 것 같은 두려움과 남은 유산으로 자식을 조정해 보려는 불순물이 섞인 자녀 사랑이 존재하기 때문이다.

과연 나의 행동이 순수한가 하는 것은 바로 다음에 나오는 사랑의 요소들로 자신을 비추어 보면 알 수 있게 된다. 도와주어도 도움을 갚을 수 없는 소자를 돕고 있는가를 주님을 묻고 계신다. 그것은 바로 그 조건이 불순물이 되기 때문이다. 얼마나 난 그런 소자를 찾아다니면서 먹이고 입혀주고 위로해 주었는지를 점검해야 한다. 그리고 더 나아가서, 즉 자신의 유익을 찾지 아니하고 상대방이 잘되기를 바라는 마음이다. 그 상대방은 바로 자신이 가장 싫어하고 미워하고 경쟁 대상으로 생각하는 사람을 포함한다. 미워하지 않을 뿐 아니라 형통하기를 바라는 것이다.

이런 수준을 요구하는 성경의 진리에 우린 좌절한다. 우린 스스로 이 수준에 도달한다는 것을 불가능하다고 여기기 때문이다. 우린 이런 좌절을 자주 경험해야 한다. 가슴을 치며 자신의 한계를 주님께 아뢰어야 한다. 그러나 우린 이런 좌절에서 출발할 수 있는 빛을 보게 된다. 다시 십자가 앞에 엎드리면 주님이 우리를 위해서 그리하셨다는 본을 보이셨기 때문에 한 번 더 그 원수를 만날 수 있는 담대함을 가슴에 품는다. 그리고 그 원수가 잘되기를 바라는 마음을 가지는 기적을 체험하게 된다.

그래서 십자가를 지시고 죽음을 택하신 사랑만이 하나님의 영광을 나타내며 그 사랑을 우리가 받아들일 때 우리 속에 하나님의 영광이 반사되어 불신자들에게 비추어지는 것이다. 그래서 믿음, 소망, 사랑 가운데 사랑이 제일이라고 하는 것이다. 그 사랑은 영원히 사람들의 가슴에서 가슴으로 전해지는 역사 속에서 주님 오실 때까지 계속 번져나갈 것이다. 천국에서는 믿음도 소망도 더 이상 필요 없지만 사랑은 영원히 천국에도 남아 있을 것이다.

바울의 지금 사랑이 없는 모든 것은 아무것도 아니라는 말씀은 결혼식장이나 우리가 커피를 마시며 흘려듣는 이야기가 아니다. 훗날 심판대에서 진행된 결과를 미리 우리에게 알려주는 무서운 경고이기에 이 말씀 앞에서 두렵고 떨릴 수밖에 없다.

바뀐 우선순위

고린도전서 14장에서는 12장에서 계속되는 주제인 은사에 관한 하나님의 말씀이 계속된다. 12장에서는 그리스도의 몸인 교회를 세워가는 데 각종 은사가 골고루 필요하고 어떤 은사든 서로 한 몸이 되는 일에 있어서 다 같이 소중하다는 것을 강조하는 말씀이 전개되었다. 그리고 13장에서는 모든 행함의 근거는 사랑을 기초로 하지 않으면 헛된 것임을 강조하며 모든 활동의 시금석은 사랑임을 사도 바울은 가장 감동적이며 또한 두려운 결과를 암시하는 내용으로 매듭지었다. 이런 흐름에 근거하여 14장에서는 고린도교회에 구체적으로 은사를 표출하는 과정에서 복음적이지 못한 모습을 지적한다. 그것은 바로 방언에 대한 잘못된 인식과 나타냄이다.

고린도는 로마 시대 중심도시로 그 당시 도처에서 자신의 능력을 과시하여 재물과 부를 축적하고 싶은 젊은이들이 각처에서 몰려와서 거주했던 도시이다. 오늘날로 치면 뉴욕, 서울, 동경, 파리와 같은 그야말로 메트로폴리탄의 특징을 가진 도시였다. 그들의 특징은 기존 질서에 갇혀서 기회를 기다려야 하는 폐쇄적 공간을 벗어나 자신의 능력을 최대한 발휘하여 성공할 수 있는 무역업이나 기타 산업에 종사하는 직업적 특징을 가진 이들이 고린도 교회의 주를 이루었다. 즉 토박이보다는 외지에서 한탕 해보려고 몰려온 뜨내기들이 많은 도시였기 때문에 고린도교회는 태생부터 분파와 갈등을 잠재한 채 시작된 것이다. 그러므로 교인들끼리 서로 소송하는 일이 발생하는 것 역시 서로 출신지가 다르기 때문에 자연스러운 현상이었다.

결국, 이들이 낯선 외지에서 살아남는 길은 자신의 능력을 의지하는 방법밖에 없고 이런 부류의 사람들이 교회 일원의 대다수를 이루고 있었기 때문에 사사건건 자신에게만 관심과 유익이 되는 행동을 할 수밖에 없었다. 이런 배경 때문에 그들은 방언의 은사마저도 다른 교인과 구분이 되는 자신을 과시하며 하나의 또 다른 능력으로 여기고 있었다. 즉 13장에서 언급된 사랑의 모습과는 완전히 반대의 길을 걷고 있었던 것이다. 그들은 자신의 지혜와 능력을 믿고 사업에 성공했고 교회 안에서도 방언의 은사를 자랑하며 자신이 구별된 능력을 가진 사람으로 비추어지고 싶어 하였다.

이런 상황 아래서 바울은 방언은 예언보다 낮은 은사라고 하였다. 그 이유는 방언이 다른 사람들이 알아들을 수 없는 허공의 메아리와 같기 때문이라고 했다. 즉 높고 낮음이 다른 사람에게 유익을 주는가 아닌가에 따라서 결정된다는 것이다. 즉 고린도교인의 우선순위와 하나님의 우선순위는 완전히 반대임을 바울은 보여주고 있다.

2000년이 지난 오늘날 교회의 모습 역시 고린도교회와 놀라울 정도로 닮은 모습을 하고 있다. 교회나 개인의 기도 제목에는 사랑의 은사를 구하는 제목은 거의 없다. 그리고 고린도교인들처럼 지혜와 능력과 부와 권능을 달라고 기도하며 또한 그것을 소유한 사람이 대접받고 하나님의 축복을 받은 자로 인식되고 있다. 옆 교회보다 더 많은 교인이 오도록 기도하고 경쟁하고 있다.

본인이 서울 어느 교회 입구에서 나오는데 50대 여인이 접근하며 사탕이 들어있는 전단을 건네서 받아 보니 바로 옆 교회를 소개하는 유인물이었다. 옆 교회는 본인이 안식년 기간에 나가는 교회보다 역사가 더 오래된 교회였다. 본인이 예배를 드렸던 교회에서는 교인들이 예배 시간마다 사도신경 대신 5만 교인 전도, 5000명 인도, 500개 다락방 확장이란 구호를 외치며 전투적 분위기로 예배를 드리고 있으니 바로 옆 교회도 위협을 느끼고 이런 역공을 취하는 해프닝이 벌어지고 있었다.

일류대학에 합격하게 해달라고 해마다 수능철이 되면 교회 예배당에 새벽기도실이 꽉 차는 모습 역시 이 땅에서 좀 더 떵떵거리며 살아보기 위한 능력을 달라고 하는 기도였다. 자신의 소원에 하나님을 끌어들이고 있었다. 자신의 아이가 고린도전서 13장에서 말하는 사랑의 은사를 가지게 해달라고 새벽에 기도하는 학부모는 과연 얼마쯤 있을까?

2000년이 지나도 바뀌지 않은 인간의 고집과 불순종은 이미 이사야서에 기록되어 있다. "소는 임자를 알고 나귀는 주인의 구유를 알지만 이스라엘은 알지 못하고 나의 백성은 깨닫지 못하는 도다"(이 1:4)라고 한탄하셨다. 이런 사악한 고집과 불순종은 나의 모든 영역 속에 암세포처럼 조금씩 흩어져 있다. 만약 하나님 말씀을 멀리하게 되면 우선순위가 바뀌어서 그 암세포는 짧은 시간에 눈덩이처럼 자라나서 나의 영적 체계를 무너뜨릴 것이다.

오늘도 나의 모든 삶의 영역에서 자신의 유익을 구하는 숨은 동기로 살고 있는 은밀한 시도가 있는지 사랑의 탐조등으로 비추어 보며 하루를 출발하며 마무리하고 싶다.

목회자의 재정

곡식을 밟아 떠는 소에게 망을 씌우지 말라라는 신명기 말씀을 인용하여 사도 바울은 24시간 내내 헌신하는 사역자가 물질적으로 공급받는 것이 당연함을 고린도전서 9장 9절에 언급하고 있다. 이는 나라를 위해서 전쟁에 나가는 병사나 포도를 심은 농부처럼 당연히 보상을 받아야 함을 사도권을 옹호하면서 비유로 설명하고 있다. 그래서 복음을 전하는 자는 복음으로 살리라고 선포한다.

정확한 비유는 아니지만, 구약시대에 레위인들에게 땅이 분배되지 않고 다른 지파들의 땅에서 나는 소산이나 목축으로 인한 수확물을 성전에 바침으로써 제사장과 레위인들이 성전 일에 충실할 수 있도록 하였다.

이처럼 현대교회에서도 목회자나 선교사는 복음 사역에 전적으로 헌신하기 때문에 일반적인 직업을 가지지 않고 교인들이 내는 헌금으로 생활하게 된다. 그러나 어떤 사역자들은 자신이 교인들로부터 월급 받는 것이 속박 같아서 일반 직업을 가지고 있으면서 목회 사역을 하시는 분들이 있다. 이는 마치 사도 바울이 장막 생활을 하면서 교인들의 재정에 의존하지 않았다는 성경 구절을 보는 듯하다. 그리고 교인들의 재정 부담을 덜어 주어서 부담을 주지 않으려고 한다는 의로운 의도로 인식되어 존경과 흠모의 대상이 되기도 한다.

그러나 사도 바울은 자신이 받을 권리도 있지만, 복음전파에 걸림돌이 될 수 있는 관점에서 재정의 독립을 의미하는 것이지 결코 이 경우가 일반적이라고 할 수 없다. 일반 직업을 동시에 가지고 있으면서 영적인 사역을 한다는 것은 결코 쉬운 일이 아니다. 오히려 시간과 열정을 그 일에 빼앗겨서 말씀 사역에 집중하기 어렵다. 말씀의 중요성과 설교의 영적 파괴력을 조금이라도 알면 목회자가 진정으로 말씀에 씨름할 시간을 많이 주어야 한다. 시편 말씀에 주야 묵상하는 자는 복이 있다고 했다. 우린 목회자가 주야로 묵상할 수 있는 시간과 여유를 주어야 주일 설교 때 은혜가 넘치는 설교를 듣고 우리 자신들과 영적으로 충만해질 수 있다.

드로아에서는 사도 바울의 설교가 아침부터 저녁까지 계속되었다고 사도행전 20장은 기록하고 있다. 그 말씀을 드로아에 있는 교인이 얼마나 사모하며 바울 역시 성경을 강론하는 열정이 대단했는지 알 수 있다. 그런데 현대교회는 여러 프로그램이 들어오면서 계속 설교가 짧아져서 이제는 평균 30분만 넘기면 교인들이 지루해할 정도가 되어버렸다. 이렇게 설교를 짧고 형식적으로 만들어 버리게 하는 데는 목회자 자신들에게 원인도 있지만, 근본적으로 교인들이 그렇게 만들어 버렸다.

자신의 개인적인 여러 가지 문제들을 들고 와서 목회자에게 해결해 달라고 요청하는 교인 중에는 지금 아기 볼 사람이 없으니 애들을 봐달라는 사람도 있다고 한다. 그리고 개업, 결혼, 환갑, 돌잔치 등등 각종 가족사에 목회자를 초청하여 축복기도를 요청하며 꼭 당회장 목사가 와야만 만족하는 교인들이 많으니 목회자가 성경을 펴고 집중할 시간이 없게 되는 것이다. 요즈음 통신기기 발달로 화장실에서 볼일 볼 때도 핸드폰으로 연락이 올 정도로 성경과 함께하는 시간이 줄고 있다.

말씀이 하도 부실하고 은혜가 안 되는 어느 미국교회 목사님에게 교회 장로님들이 설교 준비를 몇 시간 정도 하느냐고 물었다. 그러자 그 목사님이 별로 시간이 안 걸린다고 했다. 그래서 장로님이 "어떻게 준비하시는 데 별로 안 걸립니까"라고 물으셨다. 그러자 그 목사님은 "집에서 교회로 오는 동안 차 안에서 준비한다고 했다" 그 말을 듣고 장로님들이 목회자 사택을 차로 5분도 안 되는 거리에서 한 시간은 걸리는 곳으로 옮기게 했다는 실화가 있다.

온 교회 교인들이 영적으로 성장하려면 사소한 인생 상담 거리는 교회 장로나 안수집사들이 대신 처리하는 것이 바람직하다. 솔직히 인생에 닥친 문제를 푸는 데 30, 40대 목회자보다는 50, 60대 장로들이 훨씬 경험이나 판단 면에서 더 많은 도움을 줄 수 있다. 그렇게 함으로써 교회는 목회자가 더욱더 말씀에 충실할 기회를 더 많이 주어야 한다. 그렇지 못하기 때문에 목회자 설교는 은혜롭지 않아서 지루하게 되니 다른 것을 채우고 설교는 짧아지게 된다. 그리고 가능한 한 일을 많이 벌이지 말고 말씀에 충실하는 분위기를 서로 만들어 가야 한다. 프로그램이 많고 교회가 클수록 말씀이 풍성한 교회를 잘 찾아보기 힘든 것도 바로 목회자가 성경 속으로 들어갈 시간이 없기 때문이다.

우리는 앞서 언급한 목회자의 사례를 토대로 관점을 바꿔야 한다. 우리는 하나님께 헌금하고 목회자는 하나님으로부터 공급받는다는 성경적 이해에서 관점이 정리되지 않으면 목회자는 담대하게 하나님 말씀을 전할 수 없고 삯꾼 목자가 되는 것이다. 즉 교인들의 입맛에 맞는 설교를 하게 되고 결국 서로 타협하여 사는 공생관계가 되어버린다. 그런 교회는 세속화와 타락을 막을 길이 없다. 일부 교회에서는 장로가 마치 기업의 이사장처럼 행동하며 월급 사장을 부리듯 목사를 고용하여 자기 마음에 들지 않으면 목사를 쫓아내는 만행을 부리며 자신의 책상 서랍에서 그 교회에 지원한 목사들의 지원서를 수백 장 보여주며 자랑했다고 했다. 하나님이 빠지면서 사례가 오고 가면 교회는 바로 세속적 회사와 하나도 다름이 없는 곳으로 타락할 수밖에 없다. 목회자를 개인적으로 도울 때는 개인적인 친밀감을 극대화하려고 하거나 자신의 문제를 초월적인 힘으로 해결하려고 하는 의도로 선물이나 헌금을 주어서는 안 된다. 하나님 나라 확장이나 교회나 다른 교인들에게 유익을 끼치기 위한 헌금이나 선물이 아니면 절대로 해서는 안 된다.

같은 원리로 목회자 세습을 하는 교회는 목사가 교회를 사유한 또 하나의 극단적인 행동이다. 모든 물질을 하나님께서 공급하고 교회를 하나님께서 세우신다는 원리는 넓게 교회뿐만 아니라 세상의 모든 기관에 적용된다. 한국 대기업의 오너들은 기업을 자신 소유물로 생각하여 상속과 2세 경영 및 계열사 돌보아주기 등등으로 온갖 횡포를 다 부린다. 그 기업 역시 하나님의 손안에 든 창조물로 여긴다면 결코 대기업이 국민으로부터 지탄받는 일이 없을 것이다. 그리고 기업에서 일하는 교인 역시 윗사람 눈치가 아닌 하나님의 눈치를 보면서 당당하고 보람차게 일할 것이다. 그러나 지금까지 기업의 회장들은 하나 같이 정치인들과 마찬가지로 기업을 자신의 소유물로 여겨 온갖 지탄의 대상이 되는 모습을 드러냈다. 정치인들에게 시달렸다고 기업 회장이 대통령까지 출마하는 촌극이 벌어지게 된다.

그래서 성경은 모든 일을 주께 하듯 하라고 권면하고 있다(골 3:23). 세상의 모든 구석구석 주의 진리가 미치지 않는 곳이 없는데 교회가 성경적 원리로 바로 서지 않은 한 세상은 결코 기대할 수 없다. 그리고 기대 자체가 무모한 것이다. 세상은 갈수록 악해져 가고 우린 예수님 오심을 간절하게 기다리게 된다. 이 긴장된 시공 속에서 성경의 진리 외 다른 것을 붙들고 살면 이중 국적을 가진 우리의 삶은 더욱더 혼란스럽고 비굴한 모습으로 살게 될 것이다.

　내가 가진 것은 어느 것도 진정한 내 것이 아니다. 참 소유주이신 하나님을 진심으로 인정할 때 진정 자유와 당당함으로 살아갈 수 있을 것이다.

우상숭배의 숨은 진실

고린도전서 10장 중반부에 우상숭배를 하지 말 것을 권고하고 있다. 이는 이스라엘 백성들의 실패를 교훈 삼아서 결코 해서는 안 될 일로 재차 강조하고 있다. 그 이유는 바로 우상에게 절하고 음식을 먹는 순간 숨어 있는 귀신과 한 몸이 되기 때문이다.

사탄이 가장 잘 쓰는 수법이 자신을 잘 드러내지 않으면서 사람들을 조종하는 것이다. 그래서 귀신 들린 경우는 특수하게 나타나고 대부분은 자신이 존재하지 않은 것처럼 사람들에게 인식시켜서 속여나가는 것이다. 이 부분에 대하여서는 C.S 루이스가 쓴《스크루테이프의 편지》에 극적으로 묘사되어 있다. 마귀가 졸개를 시켜서 여러 가지 술책으로 인간을 하나님으로 멀어지게 하는 전략을 삼촌과 조카 악귀 간의 대화 형식으로 쓴 책이다. 책 속에서 가장 두드러지는 전략이 바로 사람들이 자신들의 존재를 눈치채지 못하게 하는 것이다.

인간은 늘 자신이 하나님과 마귀로부터 독립할 수 있는 능력과 공간이 있다고 생각하고 그런 자신을 대견스러워하며 즐기기를 좋아한다. 대표적인 태도가 바로 교회 밖을 나오거나 종교적 행위가 끝나면 사람들은 곧장 자신의 생각과 가치관 아래서 자신의 직업을 수행하고 삶을 영위해 간다. 심지어 구역모임에서도 찬양 기도 성경 공부가 끝나자마자 교인들 대부분은 언제 그런 말씀과 은혜가 있었는지 잊어버리고 세속 이야기로 꽃을 피운다. 이 세상을 살아가는 데 필요한 각종 정보가 쏟아져 나오고 심지어는 교인들이 집단행동을 하기도 한다. 어느 이민교회는 예배 후 같이 식사하고 남의 개인 농장에 허락도 없이 고사리를 꺾으러 갔다고 한다. 그리고 바닷가에 가서 꽃게를 잡으러 수백 명이 한꺼번에 몰려들어 현지인들을 긴장시키는 일이 있었다고 한다.

물론 구역모임에서 늘 영적인 이야기만 나누어야 한다는 이야기는 아니다. 그러나 그 말을 하는 의도나 배경이나 결론들이 성경의 원리와는 아무런 상관이 없는 그야말로 세속 사람들이 생각하는 방법과 수단을 다 동원해서 자신의 물질적인 욕심을 채워나가는 대화나 행동이 오고 가면 바로 그 순간은 사탄과 함께 하는 시간이 된다는 것이다.

또한, 어떤 교우가 자신이 생각해도 몰상식한 행동을 한 것에 대해서도 우린 대단히 격분해서 그걸 두고두고 가족이나 가까운 사람에게 어떻게 그런 행동을 할 수 있느냐고 하소연한다. 그러나 그렇게 격분한다는 것은 자신은 하나님이 없어도 얼마든지 그런 행동을 하지 않을 수 있다는 교만에 찬 행동이며 그 순간에 그는 이미 사탄의 영향을 받고 있다는 사실을 잊고 있는 것이다. 즉 그런 행동을 하는 사람 뒤에 영적인 사로잡힘을 인정하지 않기 때문에 죄와 인간을 모두 미워하는 비성경적인 행동을 취하게 된다. 그래서 예수님께서 원수를 사랑하고 죄지은 자를 490번을 용서하라고 하신 것도 바로 이런 이유 때문이다.

한 걸음 더 나아가서 하나님에 대한 갈망은 없이 큰 죄를 짓지 않고 하루하루를 사는 것 역시 높은 점수는 받는 신앙은 아니지만, 평균을 유지하는 정도로 스스로 위안 삼아서 사는 행동을 취하는 신자들이 현대교회에는 너무도 많다. 그러나 이것 역시 이미 하나님의 영역을 벗어서 마귀의 영향을 받고 조종당하고 있는 위험한 상태임을 알아야 한다.

다윗이 밧세바를 범하기 이전에 이미 그는 전쟁에 참여하지 않은 상태 즉 그가 생각하는 중립지대에 머물렀던 그 순간에 이미 어둠의 세력의 휘하에 놓여있었다. 그는 사울에게 쫓기고 쫓겨서 적국 블레셋으로 도망가서 거기서 살아남으려고 수염에 침을 흘리며 미친 척했다. 그런 순간에 그의 고백은 '사슴이 시냇물을 찾는 것처럼' 여호와에 대한 심한 목마름으로 사랑을 표현하였다. 그러나 왕이 되어 전선에서 승승장구하면서 서서히 그 갈증이 사라지고 어느덧 하나님이 그리워지지 않게 된 그 순간부터 그는 이미 어둠의 영역에 들어와 있었다. 선 줄로 생각하는 자는 넘어질까 조심하라고 하는 말이 바로 이 상태를 지적하는 것이다. 22절에서 우리가 주보다 강한가 묻는 이유도 우리 힘으로는 마귀를 이길 수 있다고 생각하는 것이 바로 우상숭배이기 때문이다. 즉 마귀의 작전에 넘어간 우상숭배인 것이다.

하루가 지나갈 때마다 하나님과 영원한 천국에 대한 갈증이 없이 하루를 잘 지내고 있다면 그것은 마귀가 내 영혼을 잠재우고 있는 폭풍의 전야와 같고 뇌관을 베고 자는 것 같은 위험한 상태임을 알아야 한다. 인간은 권태와 무료와 한가함과 무사 무탈로 영혼이 망하지 결코 긴장과 외부로부터 오는 어려움으로 망하지 않는다. 그것은 하나님께서 감당하실 시험을 주시기 때문이다. 내 삶이 순풍에 돛단 듯이 잘 나가고 있는가? 그러면 어느 날 나에게 나단 선지자가 찾아오지 않을까 조심해야 한다. 반대로 내 삶이 폭풍과 비바람으로 산산이 조각날 것 같은가? 그러나 시간이 흘러 배 안에 함께 계시던 예수님께서 그 폭풍을 잠잠하게 하실 때가 올 것이다. 그리고 나는 더 빨리 항해하고 있다는 사실에 감사할 것이다.

은사에 대한 태도

고린도전서 14장 15~25절에서는 사도 바울이 '형제들아'로 시작하는 아주 격한 어조로 문장을 시작하고 있다. 원래 헬라어는 동사 자체가 주어나 목적어를 포함하고 있기 때문에 주어나 목적어를 쓰지 않아도 동사의 격변화로 의미가 통하게 되어 있다. 즉 동사의 어미가 주격 소유격 여격 대격의 정보를 포함하고 있기 때문이다. 그래서 문장 서두에 명사를 사용한다는 의미는 굉장히 강한 어조로 이야기한다는 것이다.

바울은 방언이 잘못 사용되는 의미가 어떠한 영적인 의미가 있는지 강조해서 이야기하고 있다. 즉 이사야서 28장 11~12절에서 "내가 다른 방언하는 자와 다른 입술로 이 백성에게 말할지라도 저희가 오히려 듣지 아니하라"라고 하셨다.

회개하지 않는 이스라엘을 깨닫게 하도록 하나님께서 앗수르라는 나라가 이스라엘을 지배하게 하신다. 다른 지역의 방언이었던 언어가 여기서는 앗수르 말이 된다. 하나님으로부터 등을 돌린 결과 알아들을 수 없는 말을 하는 이민족의 만행과 포학한 난동을 지켜만 보아야 했다. 고린도 교인들이 알아들을 수 없는 말을 하면 불신자나 다른 성도들이 알아들을 수 없는 고통을 받게 된다는 것과 같은 원리이다.

본인이 미국에서 유학 생활을 할 때 연구실에 중국인 학생들이 3명이 있었다. 이들은 자주 실험실에서 자신들의 중국말로 이야기를 했다. 그런데 성조 톤이 높기 때문에 한 마디도 못 알아듣는 본인에게는 소음으로 들렸고 또 싸우는 것 같았다. 그래서 그들에게 싸우려면 실험실에서 싸우지 말고 바깥에 나가서 싸우라고 한 적이 있었다. 그러나 그들은 절대로 싸우는 것이 아니라고 했다. 이처럼 외국어는 잘 알아듣지 못하면 고통스럽게 듣고 있어야 하는 것이다.

바울의 주장은 방언을 최고의 은사로 여기며 자랑하는 것은 그 말을 알아들을 수 없는 사람들에게는 고통을 안겨줄 뿐 아니라 믿지 않는 사람들이 볼 때는 미친 짓이라고 하지 않겠느냐고 격한 어조로 이야기하고 있다. 방언의 위험성을 가장 심하게 공격한 클라이맥스에 해당하는 부분이다.

그렇지만 바울은 또 방언을 말하기를 금하지 말라고 한다. 그래서 바울의 의도를 파악하기가 쉽지 않다. 같은 이사야서 36장에는 앗수르가 랍사게를 선봉에 세우고 유다를 공격하기 위해서 예루살렘으로 들어간다. 여기서 랍사게는 유다 백성들이 다 알아듣는 유다 방언으로 앗수르 왕의 손에 건져낼 어떤 신도 없으니 히스기야를 의지하지 말 것을 경고한다. 이때 유다 대신들이 랍사게에게 백성들이 알아듣지 못하는 아람 방언으로 말을 해달라고 요청한다. 이 경우는 백성들이 오히려 다른 방언을 알아듣지 못하는 경우가 더 바람직한 상황이었다.

결론적으로 문제는 방언 자체에 있는 것이 아니라 방언을 사용하는 사람의 마음과 태도에 달려 있음을 알 수 있다. 방언은 자신에게 유리하게 사용하면 그것을 못 알아듣는 사람에게 고통을 주고 또한 알아듣는 사람에게도 고통을 준다는 것을 성경은 이야기하고 싶은 것이다.

이 문제는 방언의 영역을 넘어서 우리가 쓰고 있는 말 자체가 사랑에 근거한 남의 유익을 구하지 않고 자신을 자랑하거나 남을 비판하는 데 사용하면 하나가 되어 잘 지어져 가는 교회를 파괴하고 분열시켜 그리스도의 몸을 찢는 행위가 된다.

바울이 그 사악한 앗수르 왕국의 만행을 고린도교회의 방언의 은사를 자랑하는 교인들로 비유하는 그 강한 꾸짖음을 우리 깊이 새겨들어야 할 것이다.

부활을 기다리는 신앙

고린도전서 15장은 온통 부활에 관한 물결로 덮인 장이다. 근데 고린도교회에 부활이 없다고 하는 이들이 있었다고 한다(고전 15:12). 분명히 예수님을 믿고 교인이 되었을 그들이 부활을 믿지 않았던 이유는 육체는 죄악 덩어리이고 영혼은 정결하다는 영지주의 사상 때문일 가능성이 크다. 그래서 죽음은 영혼이 육체와 분리되어 자유로운 상태가 되며 육체는 사라진다는 영혼 불멸을 믿고 있기 때문에 육체가 부활한다는 것은 상상할 수가 없었던 것이다. 그런데 바울은 만약 이런 육체적인 부활이 없으면 우리의 믿음은 헛것이고 헛된 믿음을 가진 자는 세상에서 가장 불쌍한 사람이라고 주장한다. 왜 이런 영혼 불멸 사상을 가지는 것이 어리석고 진리가 아니라고 하는 것일까에 관해 바울은 성경에서 답을 주고 있다.

바로 로마서 7장 14절에서 원하는 이것을 행하지 아니하고 도리어 미워하는 그것을 행한다고 고백했다. 그리고 예수님께서 잠든 제자들에게 마음이 원이로되 육신이 약하다(마 26:41)고 말씀하셨다. 인간이 스스로 육체를 지배할 수 있는 실력이 없음을 성경은 선언하고 있다. 그런데 인간은 늘 자신이 생각하는 것을 할 수 있다는 착각을 하고 산다. 즉 생각과 행동이 일치된 환상을 가지고 사는 것이다. 그러나 예수님을 제외하고는 인류 중 누구도 생각과 행동이 일치된 모습을 보여준 사람은 없다.

그런데 인간은 문제를 보이는 육체가 문제가 있다고 여기고 육체를 절제하여 정신을 함양하고 수련하고 훈련하고 연습하면 신이 될 수 있다는 생각을 하게 된다. 그래서 많은 사상과 종교가 그런 육체적인 고행이나 금욕주의 혹은 격리된 삶을 통해서 정신을 고양하려는 도를 닦는 행위를 하는 것이다.

그러나 성경은 육체와 정신 모두가 부패하여 있기 때문에 모두가 새롭게 창조되어야 한다고 말한다. 그리고 자신의 힘으로는 결코 온전한 모습이 될 수 없고 하나님의 은혜인 십자가가 없이는 결단코 부패한 상태에서 헤어나올 길이 없다고 단언한다. 결국, 그 십자가를 통해서 우리 자신의 육체와 영혼이 모두 죽어야 한다고 하고 실제 그 사건이 일어난 것이다. 그래서 예수님과 함께 우리는 십자가에서 영과 육이 모두 죽었다. 다만 시간적 차이에 의해서 아직 육신이 살아있을 뿐 우리의 육신이 언제가 사라져야 하는 이유는 바로 부활이 있기 때문이다. 예수님의 부활은 즉 우리 육신의 부활을 의미한다. 우린 이미 믿음을 통해서 영혼과 육신 모두가 부활할 것을 고백한다. 그래서 만약 부활이 없다면 십자가 대속부터 시작해 이 모든 것이 사기에 해당하는 엉터리 사상이 되어 버린다.

즉 십자가를 통해서 예수님께서 죽으신 것은 영혼과 육신이 모두 사망하신 것이다. 마찬가지로 우리의 영혼과 육신도 십자가에 죽었다고 성경이 이야기한다. 다만 시간이 다를 뿐이다. 부활에 관해서도 우린 이미 새로운 피조물이라고 고린도후서 5장 17절에서 선언한다. 그리고 육체적인 부활은 예수님 재림 시에 일어나게 되는 것이다. 믿음은 바로 과거, 현재, 미래의 하나님이 행하실 구속의 대장정을 우리가 받아들이는 것이다.

이런 부활의 비밀을 알게 되면 우린 우리의 현재 상태를 너무 과대평가하지 않는다. 즉 자신의 생각을 자신의 실력으로 믿지 않는다. 이웃을 사랑하지 못하는 자신의 모습에 좌절하고 무릎을 꿇을 수밖에 없다. 지극히 작은 자를 생각으로 사랑하고 몸으로 사랑하지 못한 자신을 알게 된다. 즉 우리의 몸이 아직 부활되지 못한 죄된 옛 습성이 아직도 남아 있기 때문에 늘 넘어지고 실족한다. 결코 동양에서 말하는 군자의 도에 이르렀다고 자부할 수가 없다. 그래서 겸손하지 않을 수 없다.

이런 현실적 긴장감과 자기 성찰에서 오는 고통과 고뇌를 가진 사람은 그 부활의 몸을 사모할 수밖에 없다. 도덕적으로 행위적으로 자신이 이 정도 수준에 만족한다고 타협한 신앙은 부활에 관심이 있을 수 없다. 그래서 도덕적 만족과 공간적 만족이 함께 주어진 사두개인들이 부활을 부인할 수밖에 없었다. 또한, 물질적으로 부유한 라오게디아 교회 교인들의 모습 속에서 부활은 관심의 대상이 될 수 없었다.

그러므로 정신과 육체를 분리하여 사람을 이해하는 것은 극히 비성경적이고 부활 신앙에 무관심한 참람한 태도를 가지는 신앙인이 되기 쉽다. 그리스 사상에 영향을 받은 고린도교인들은 영혼 불멸의 세계로 들어간다고 믿고 육체를 즐기고 아무렇게나 자신의 욕심대로 살았다. 그런데 금욕과 열심히 자신을 절제한 그리스도인들은 부활이 없다면 그것은 얼마나 손해 보는 인생이냐고 묻고 있다. 그래서 부활이 없으면 인간은 마음껏 타락할 수밖에 없다는 것이 바울의 논리인 것이다.

부활의 몸은 죄로 물든 흔적도 없다. 바로 예수님과 같은 몸이다. 아픔도 고통도 없는 영광스러운 몸이다. 결코 유령이 눈에 보이거나 시신이 일어나 걷는 모습이 아니다. 새롭고 찬란한 형상을 지닌 아름다운 모습인 것이다. 그리고 그 모습은 과거와 단절이 아닌 연속성이 있을 것이다. 그래서 서로 알아볼 수 있을 것이다.

십자가에서 우리의 몸마저도 이미 죽었다는 것을 내포하고 있다는 사실에 우린 우리 육체적인 죽음이 너무 자연스럽고 두렵지 않게 될 것이다. 그리고 그 놀라운 부활의 몸을 입게 될 것이다. 얼마나 가슴 벅찬 사실이며 진실인가? 아멘 주 예수님이시여 어서 오시옵소서.

죽음을 전제로 한 부활

본인이 대학 시절에 한 중학생의 과외를 한 적이 있다. 그 학생은 특이하게도 자신은 중학교 공부면 충분하니 고등학교에는 가고 싶지 않다고 했다. 중상위권의 경제력을 가진 그의 부모님이 들으면 난리가 날 발언이었다. 그의 말은 자신이 아는 지식으로 충분히 세상을 살아갈 자신이 있다고 하며 더 이상 배우는 것은 무의미하다고 했다. 즉 그가 쌓아둔 지식으로 충분하다는 것이다. 어떻게 보면 자족하는 것 같은 모습으로 비쳤지만, 근본적으로는 자신이 세상을 다 안다는 그릇된 판단에서 나오는 생각이었다.

인간은 무엇이든 자신이 소유하게 되면 그 소유물로 세상을 지배하거나 남들보다 잘난 우월감을 드러내고 싶어 한다. 그리고 터득한 지식이나 인정받은 공적을 손에 쥐고 놓으려고 하지 않는다. 그러나 자신이 소유한 생각이나 지식이 물갈이 없이 오래 머물러 있으면 녹이 슬어서 새로운 생각이나 지혜가 들어오는 것을 방해한다. 본인이 전산 공부를 시작할 때 처음 배운 언어가 BASIC이었다. BASIC에 익숙해진 나의 두뇌는 새로운 언어인 파스칼이나 C언어를 배울 때 애를 먹었다. 완전히 실행방식이 달랐기 때문이다. 그리고 인공지능 언어인 Prolog를 배울 때 파스칼이나 C에 습관된 사고력이 방식이 다른 새로운 언어를 배우는 데 많은 장애를 안겨다 주었다.

고린도전서 15장 31절에서 부활을 위해서 바울은 날마다 죽노라고 고백하고 있다. 즉 현재시제를 쓰면서 매일 매 순간 자신이 죽고 있다고 외치고 있다. 과연 매일 죽는다는 말이 무슨 의미일까? 실제로 바울은 맹수와 도적과 반대하는 유대인들에게 생명의 위협을 느끼고 살았던 적이 한두 번이 아니기에 사실을 묘사할 수도 있다. 그러나 자신이 죽는다는 바울의 말에는 영적으로 훨씬 많은 의미를 담고 있다. 문제를 푸는 열쇠는 빌립보서 3장 8절에 있다. 바울은 그가 가지고 있는 인간적인 장점을 배설물로 여기고 버렸다고 한다. 심지어 해악을 끼치는 것으로 여기고 있다. 여기서 버렸다는 것은 내려놓음의 정도가 아니다. 내려놓음은 아까운 마음에 조금 보류하고 있다는 느낌이 드는 인간 중심적인 단어이다. 하지만 바울은 자신의 출신 배경과 지식과 외형적인 조건이 해가 되는 것이기 때문에 처음부터 없는 것처럼 여겼다. 물론 그렇다고 존재를 부인하는 유심론적인 발상은 아니다. 자신의 존재를 하나님 안에서 찾으려는 동기에서 나온 발상이다.

하나님은 시간 속에서 일하시는 역사성을 가지고 일하시지만 우리는 오직 현재만이 존재하는 피조물임을 알아야 한다. 즉 어떤 것이든지 습득한 지식이나 소유물은 마치 없는 것처럼 여기는 것이 날마다 죽는 것이다. 이렇게 해야 하나님의 능력과 부활의 영광이 드러난다고 바울은 주장한다. 지금 자신이 가진 재산, 지식, 관계, 미모, 재능 등이 없는 것처럼 행동하는 것이 날마다 죽는 것이다. 만약 어느 하나라도 있다고 생각하면 반드시 인간은 우월감에 빠지게 되고 하나님의 영광은 죽게 된다.

그래서 바울은 신앙을 마라톤에 비유한다. 푯대를 향하여 과거는 잊고 오직 현재에 내가 주님께 향해 있느냐만 따지는 것이다. 바울이 가장 두려워한 것이 바로 자신의 힘으로 하나님 나라가 확장되는 것이었다. 그래서 그는 두렵고 떨리는 마음으로 고린도교인들 앞에 섰다고 했다. 혹시라도 자신의 말솜씨나 재치에 의해서 복음이 전해지면 어떻게 하나 늘 노심초사했다. 인간에게는 다른 생명을 살리는 능력이 없음을 바울은 알고 있었다. 만약 그렇다면 우린 십자가가 필요가 없게 되기 때문이다. 그럼 자기 부인도 없고 부활도 없고 아무것도 아닌 허망한 것을 믿게 되는 것이다.

헨리 나우웬이 쓴 《아담》이란 책이 있다. 아담은 34세에 생을 마감한 중증 장애인으로 헨리 나우웬이 다녔던 공동체의 섬겨야 할 대상의 일원이었다. 자신의 힘으로는 아무것도 할 수 없는 아담은 그가 움직여야 하는 모든 일에 다른 이의 도움이 필요했다. 그야말로 이 세상에서 가진 것은 아무것도 없는 그저 살아만 있는 생명체에 불과했다. 그러나 헨리 나우웬은 아담을 통해서 진정 사랑이 무엇인지를 알게 된다. 아담으로부터 흘러나오는 예수님의 생명을 느끼고 발견한다. 전 하버드대학과 예일대학 교수였던 헨리 나우웬은 아담에게 열등감을 느낄 정도로 평온하고 사람들의 마음을 따뜻하게 하는 그 무엇이 있음을 알게 된다. 바로 바울이 배설물처럼 버렸다는 그 심정을 그는 경험한 것이다. 진정한 부활이 무엇인지 그는 알게 되었다.

우리가 만약 어떤 사람을 용서하지 못하고 있다면 진정 십자가와 부활을 모르고 있는 것이다. 아직도 자신이 붙들고 있는 도덕적 만족감과 종교적 공적과 과거의 열심 등이 자신을 받치고 있기 때문에 십자가에 대한 간절함은 멀어질 수밖에 없다. 그 결과 자신의 세상적 우월감을 드러내는 데 방해된 모든 세력을 적으로 여기게 된다. 그리고 용서란 말은 무시하고 자기식의 신앙 우선순위를 정하고 실행하며 상대방을 판단하게 된다.

우린 사도 바울의 행적과 업적을 성경을 통해서 접하면서 정말 위대한 대사도라고 받들지만 사도 바울은 자신을 전혀 그런 사람으로 여기지 않고 죄인 중의 괴수라고 여겼다. 그러면 우린 바울이 겸손하게 쓴 말이라고 해석하기 쉽지만 진정 겸손한 말이 아니다. 오늘 말씀처럼 날마다 죽는 연습을 하면서 자신은 아무것도 가진 것이 없는 자라고 생각하고 느끼고 행동했다. 그렇지 않으면 사도 바울이 남긴 남을 나보다 낫게 여기라고 한 말은 가식이 되고 마는 것이다.

기독교를 믿으면서 자유롭지 못한 이유는 바로 매일 죽지 못하는 부패한 자존심이 아직도 고개를 쳐들고 계속 우리 속에서 나오기 때문이다. 참다 참다 더 이상 참을 수 없어서 "누군 줏대도 쓸개도 없는 줄 알아"라고 반응하면 우린 이미 십자가를 발로 걷어차는 행위를 한 것이다. 하나님의 능력과 부활 영광의 빛을 받으려면 매일 죽어야 한다. 잊어야 한다. 불교에서 말한 비움이나 내려놓음이 아니다. 그 영광의 빛에 아무런 도움이 되지 않는 헛되고 헛된 것을 아예 없었다고 선언하는 것이다. 그 영광의 빛을 본 자는 그래서 매일 죽는 일을 감사함으로 행할 것이다.

부활의 진수

고린도전서 부활장을 마무리하면서 부활에 대한 진정한 진수를 맛보고자 한다. 언뜻 보기에는 15장이 부활에 대한 교리적인 내용으로 중심을 이루고 있는 것처럼 보인다. 그래서 성찬식과 부활절에 많이 인용되고 있다. 그러나 사도 바울이 이 글을 쓴 동기는 역시 부활이 없다고 주장하는 일부 고린도교인의 주장에 대하여 반박과 권고와 깨우침을 주기 위함이다.

이미 지난번 글에서 언급한 것처럼 고린도교회 교인들은 그 당시 만연하던 헬라사상의 영혼과 육체를 차별하는 사상에 물들어 있었기 때문에 당연히 육체의 부활을 믿기가 어려웠다. 육체의 부활을 믿지 않음은 매우 내세적인 일이라서 그저 미래에 있을 일에 대한 서로 다른 견해라고 여기면 복음이 주는 풍성함을 모르는 처사이다. 육체의 부활을 믿는다는 것은 가장 먼저 죽음을 이기고 승리한 예수그리스도의 공로에 힘입어서 우리도 그런 부활을 할 것이라고 가장 확실한 진리로 받아들이면서 사는 것이다. 그러나 부활 신앙이 생각과 마음과 사상에 맴돌 뿐 사실상 우리 삶과 괴리되어 있는 원인은 바로 헬라사상이다. 즉 자신의 마음만 동의하고 인정하고 살아가면 그것이 곧 원하는 목표에 도달한 것으로 여긴다는 것이다.

쉽게 이야기하자면 부활도 믿고 재림도 믿는다는 것이 마음과 생각에 머물러 있는 것을 자신의 현주소로 착각한다는 것이다. 예를 들어 사진관에서 얼굴에 주름 하나 없이 보정된 사진을 받으면 우리는 본능적으로 좋아한다. 그러나 우리가 부활 신앙을 믿는다면, 우리의 육신이 죽고 새롭게 부활하는 시간이 가까워지는 것을 기다리고 즐기고 소망한다면, 결코 주름진 얼굴이 보기 싫다거나 거리낌이 있는 느낌이 들어서는 안 된다. 요즈음 사진관에서 현재의 모습과 너무나 차이가 나는데도 티 없이 매끈한 얼굴을 좋아하는 소비자의 기호에 맞춰 70, 80대 노인분들 얼굴의 주름마저도 지워서 보내주는 상술이 범람하고 있음을 직시해야 할 것이다. 물론 육체를 멸시하거나 죄악시하는 것은 또한 헬라사상과 동양사상에 근거한 또 다른 극단적인 흐름이다. 인간의 영원을 향한 갈망은 현재의 육체를 지닌 채 좀 더 길게 생명을 연장해 보려는 몸부림일 뿐이다. 하지만 결국, 육신이 썩는 운명을 피할 수 없다는 사실에 인간은 좌절한다. 그러나 부활 신앙은 이 죽음과 썩음이 우리에게 생명이며 희소식인 것이다.

고린도교인들의 헬라사상은 우리를 또 다른 교만에 빠지게 한다. 육신의 나약함을 무시하고 자신의 생각과 마음이 동의하는 것에 대한 도덕적 반응은 하나님 없이 자신이 할 수 있다는 착각을 불러일으킨다. 이사야서 7장에는 아람과 에브라임이 동맹하여 남유다를 공격한 내용이 기록되어 있다. 하나님께서는 이사야를 보내어 유다왕 아하시아에게 징조를 구하라고 한다. 즉 하나님께서 지켜주실 것이라는 약속을 보여달라고 기도하기를 원하셨다. 그러나 아하시아는 성경의 다른 구절을 인용하여 하나님을 시험하지 않겠다고 반응한다. 언뜻 보면 아하시아가 대단한 신앙을 가진 듯한 인상을 주지만 그는 앗수르라는 강대국에 의지하여 물리칠 수 있다는 복안을 가지고 있었기 때문에 굳이 하나님께 징조를 구할 이유가 없다고 여긴다.

복음은 우리가 하나님과 상관이 없는 어떤 사상이나 목표에 도달하는 정신적 유희가 아님을 확실하게 성경을 통해서 보여주고 있다. 내가 하나님 편이냐 아니냐를 묻고 있다. 그런 의미에서 부활 신앙 역시 우린 연약한 육신을 가진 존재로 살아가고 있음을 깨우쳐 주기 때문에 교만이 들어올 여유와 공간이 없다. 그런데 아직도 내가 다른 사람들보다 나은 점이 있다고 우월감에 빠져 있다거나 혹은 그 반대로 괜찮아 보이는 사람에게 기대와 열등감을 느낀다면 아직도 부활 신앙이 주는 참뜻을 소화하지 못한 것이다.

성경은 아하시아왕을 하나님과 백성을 동시에 괴롭게 하는 사악한 왕이라고 힐책하고 있다. 성경이 말하는 기준이 아닌 자신이 세운 방향과 수준에 근거하여 자신을 미화시키면 하나님을 찾고 싶은 마음이 없어진다. 아니 필요 없게 된다. 그런 왕들이 이 세상을 지배하고 있기 때문에 세상에 신음과 고통과 괴로움이 더해지고 있다. 즉 의인이 없기 때문에 세상은 멸망의 길로 가고 있는 것이다.

그런 절망 가운데 바로 이사야서는 이제 한 아기가 우리에게서 나왔다는 복된 소식을 들려주고 있다(사 9:6). 아하시아가 죄 가운데 있는 육신을 가지고 있는데 징조를 구하지 않는 뻔뻔함이 우리에게 있다. 그러나 죄와 상관이 없는 육신의 몸에도 불구하고 마치 죄가 있는 것처럼 털 깎는 자 앞에서 순한 양처럼 자신을 내어놓아야 하셨던 예수님이 대비되고 있다. 예수님은 우리 죄의 무게를 알고 계셨지만 아하시아는 자신에 만족하고 있었다. 신약시대 예수님의 마음에 합한 사도 바울은 항상 두렵고 떨린다고 했고 자신이 자랑하는 것은 다메섹에서 잡히지 않으려고 광주리를 타고 들창문으로 성벽을 내려왔던 일이라고 고백하고 있다(고후 11:33). 부활하지 않은 육신의 연약함을 바울은 뼈아프게 알고 있었다.

그리고 이사야서는 예언이 계속되다가 앗수르 침공과 함께 히스기야의 기도와 하나님의 권능으로 앗수르를 물리친 사건을 기록하면서 히스기야의 죽음이 예고된다. 그러나 눈물의 기도로 인하여 히스기야는 생명이 15년 연장된다. 그리고 그 징표로 해그림자가 10도 물러나는 우주적 기적이 일어난다. 어찌 히스기야의 단순한 생명의 연장이겠는가? 예언서에 기록된 사건은 메시아의 오심에 대한 강한 표징이며 결국 다시 오실 예수님에 대한 하나님의 인장인 것이다. 성경은 우리의 몸의 부활에 대하여 이렇게 확실하게 알려주고 싶어 한다. 나사로의 죽음과 소생을 전주곡으로 십자가와 부활은 클라이맥스로 우리를 불러냈고 마음을 빼앗고 말았다. 그런데도 나이 듦과 죽음이 가까이 오는 것을 두려워한다면 그것이 바로 아하시아처럼 하나님을 괴롭히는 일이 아닌지 깊이 생각해 보아야 할 것이다.

그러면 고린도전서 15장 58절에 나와 있는 "항상 주의 일에 힘쓰는 자"가 되라는 말씀의 의미가 달라질 것이다.

헌금과 연보의 양면성

사도 바울은 고린도전서 15장에 부활에 관한 벅찬 기대와 소망에 관한 진술을 마무리하고 16장에서는 이제 실제적이고 현실적인 삶으로 돌아와서 이 땅에 발을 붙이고 살아야 하는 문제를 언급한다. 인사말로 편지를 끝내기 전에 경제적으로 어려움을 겪고 있는 예루살렘교회에 보내는 헌금을 거두어 줄 것을 쓰고 있다.

부활이라는 신령한 세계를 자신이 체험하고 계시받은 하늘의 약속을 적고 난 후에 금전에 관한 내용으로 급전되는 변화를 접하게 되는 이 부분에 대하여 우린 베드로의 고백처럼 "주여 여기가 좋사오니"라는 말을 하고 싶은 마음이 든다. 선비와 청렴과 대의명분을 중요시하는 우리 문화 속에서 돈이란 그동안 거리를 많이 두어야 할 존재로 여겨왔기 때문이다. 자본주의와 배금사상으로 인하여 그동안 많은 가치관의 변화가 있었지만 그래도 아직은 기업가는 별로 존경받지 못하고 있는 분위기가 기성세대에 팽배하여 있는 것을 보면 아직도 돈에 대한 부정적인 이미지는 지울 수 없는 것 같다.

그러나 사도 바울은 부활 뒤에 바로 금전적인 내용을 소개함으로써 인간이 만든 도덕과 사상의 한계를 무너뜨린다. 즉 돈의 위력과 정체를 잘 알고 있기 때문에 그것을 어떻게 사용하는가가 바로 신앙의 중요한 척도가 됨을 암시하고 있다. 헌금이나 연보가 신앙의 수준의 척도이며 또한 믿음의 진보에 중요한 시금석과 훈련재료가 됨을 알려주고 있다. 즉 자신의 기분이나 순간적 군중심리에 휘말려 단회적인 헌금을 하지 않고 매주 조금씩 쌓아서 모인 재정으로 예루살렘교회를 지원할 것을 16장 2절에 명시하였다. 헌금이 바로 하나님과 이웃사랑을 실천하는 중요한 신앙 행위임을 부활장 이후에 언급함으로써 기독교 신앙이 결코 정신세계와 사상적 공론에 머물지 않고 현실과 진리가 함께함을 보여주면서 생명의 실체를 경험하게 해주는 살아있는 생명임을 증거한다.

그런데 이 헌금과 연보에 관한 이해의 근거는 결국 부활과 연결되어 있다. 우리에게 불필요한 재정을 쌓아두어서는 안 됨을 요구하고 있다. 결론적으로 오늘 밤에 예수님이 오신다고 했을 때 잠깐 기다려 달라는 마음이 들면 우린 신앙과 재정관에 큰 괴리가 있다고 볼 수밖에 없다. 즉 아직도 재정의 전부가 주님의 소유가 아니라는 것을 입증하고 있다. 물론 저축이 필요 없다든가 은행이 소용없다는 의미가 아니다. 즉 믿음과 주님께서 모든 것을 공급해 주실 것이라는 기초에서 출발하지 않는 금전 활동은 모두가 하나님과 상관없는 것이 되고 만다. 이것은 재정을 어디에 근거해 두느냐에 따라서 돈을 벌고 쓰는 모습에 판이한 차이가 있기 때문이다.

참으로 특이한 점은 16장 2절에 나오는 '저축하다'라는 말을 수식하는 말인 '얻다'는 헬라어로 '유오도우'라는 동사인데, 동사의 주어가 명시되어 있지 않기 때문에 번역본은 주어를 다양하게 번역하고 있다. 대표적으로 NIV는 '자신이 번 수입에 맞추어 저축하여 두어서'라고 번역하여 수입이 주어가 되어 있다. 그러나 흠정번역은 '하나님께서 공급하시는

데'라고 번역하여 주어를 하나님으로 기록하였다.

물론 모든 해석이 다 가능하다. 바울의 초점이 어디에 있느냐에 따라서 주어가 달라질 수 있다. 흠정역은 모든 재정은 하나님께서 공급하신다는 원론적인 측면에서 당연하게 주어를 하나님으로 하여 해석하였다. 신약성경에 다른 2곳에서도 순조로움과 형통함으로 번역되어 하나님께서 직간접적으로 관계가 있는 경우에 사용하고 있다. 구약성경에서도 '형통함'으로 번역된 이 단어는 원뜻에 앞으로 나아간다는 의미를 포함하고 있다. 별로 막힘이 없이 순조롭게 잘 되어가는 것, 즉 형통함을 의미하고 있다. 흠정역은 우리의 형통함을 주관하시는 분은 하나님이심을 강력하게 드러내고 싶어 하는 것 같다. 우린 우리의 재정의 근원이 되시는 분이 하나님이라는 것을 결코 잊어서는 안 된다.

부자가 천국에 가는 것을 낙타가 바늘귀로 들어가시는 것으로 비유하셨다. 물론 그렇다고 가난한 자는 쉽게 들어간다는 말은 결코 아니다. 이 세상의 물질을 아무리 많이 가지고 있고 인간적인 존경과 신뢰를 가지고 있어도 그것으로는 결코 천국에 들어갈 수 없다는 것이다. 재물의 근거를 하늘에 두지 않는 한 우린 재물로 천국에 갈 수 있다는 착각을 하게 되기 때문이다. 물론 명분상 결코 돈으로 천국에 갈 수 없음을 입으로 고백한다. 그러나 막상 결정적인 순간, 선택의 귀로에서는 우린 돈을 택하게 된다. 예를 들어서 사위를 택할 때 우린 신앙이 좋은 사람보다는 먼저 세상에서 얼마나 벌 수 있는 능력이 있느냐를 먼저 본다. 그래서 일류대학을 목숨 걸고 들어가야 하는 것처럼 난리를 피운다. 그래서 흠정역 번역자는 네가 번 돈이 어디서 오는지 알고 있느냐고 묻고 싶은 것이다.

그러나 현대 성경해석자들은 교리 부분이 아닌 실용적이고 구체적인 권고 부분이라는 문맥을 근거로 '현실적으로 수입에 따라'라고 번역했다. 킹 제임스 번역 외 다른 버전을 인정하지 않는 근본주의적 경향의 분들이 마음에 들어 하지 않는 번역이 바로 이런 부분이 아닐까 싶다. 근본주의적 신앙이 때로는 자유주의적 경향에 흔들리지 않고 자신의 신앙을 잘 지키는 역할을 하는 데 있어서 큰 몫을 하였던 것은 사실이다. 그래서 성경을 분해하고 인간의 이성으로 이해되지 않는 부분은 신화화하려는 자유주의적 신학이나 인본적인 신학에 강력하게 대응하는 대쪽같은 기개로 복음의 순수성과 진수를 지켜온 일에 크게 공헌하였다.

그러나 성경에 대한 이해와 하나님의 형상을 닮은 인간이 끝없이 하나님의 계시를 좀 더 다양하고 다른 각도에서 조명하려는 창조적인 노력까지 거두절미하는 자세는 개선되어야 한다. 자신들의 신학과 조금만 거리만 있으면 이단이나 뉴에이지로 몰아붙이는 신학적 독선은 물이 고이면 썩는다는 진리를 생각나게 한다.

지금 교회와 사회는 포스트모더니즘의 물결의 거대한 힘에 도전받고 있다. 그럼에도 안이하게 지키는 것만 애쓰고 있는 교회는 젊은이들로부터 외면당하고 있다. 하나님은 결코 인간의 자유의지를 짓밟지는 않으신다. 오히려 우리가 가진 재능과 노력으로 변화무쌍하게 하나님의 사랑과 긍휼과 자비를 노래하기를 원하신다. 우리 재정은 당연히 하나님으로부터 오며 자유롭게 쓸 수 있지만, 우리에게는 그것을 하나님께서 주신 지혜 안에서 잘 사용해야 하는 책임과 의무가 있다. 그런 면에서 '각자 수입대로'라고 번역한 것 역시 문맥과 논리를 고려해서 자연스러운 번역이 될 수 있는 것이다.

이처럼 우리의 신앙은 하나님 중심으로 출발하여 우리의 자발적인 지혜와 능력을 기쁘게 창조적으로 사용하여 하나님의 영광을 드러내는 것이다. 바로 이런 양면적이고 입체적인 신앙이 우리의 삶의 원리가 될 때 우린 바울의 권면에 감격할 것이다. 그리고 바로 재정으로부터 자유로운 신앙의 날개를 가지는 축복을 누릴 것이다.

"능히 모든 성도와 함께 지식에 넘치는 그리스도의 사랑을 알아
그 넓이와 길이와 높이와 깊이가 어떠함을 깨달아
하나님의 모든 충만하신 것으로 너희에게 충만하게 하시기를 구하노라."

(에베소서 3 : 18-19)

성전재건

학개서는 포로 생활에 돌아온 유대인들이 스룹바벨을 중심으로 황폐된 성전을 재건하다가 앗수르의 식민정책에 의하여 이스라엘 땅에 이주한 이방민족의 방해로 인하여 성전공사가 중단된 사건을 배경으로 하고 있다. 성전공사가 중단된 지 14년째에 하나님께서는 선지자 학개를 보내셔서 성전공사를 계속하라고 하신다.

학개 1장 4절에서 황폐한 성전을 그대로 두고 판벽한 집에 거하는 것이 옳은 일인지를 유다 백성들에게 묻고 계셨다. 판벽이란 나무판으로 벽과 지붕을 덮는다는 의미이다. 집을 세우는 데 있어서 단지 바람이나 비를 막아 휴식처로 삼는 것만이 아니라 나무로 아름답게 장식한다는 의미도 포함하고 있다. 이에 비하여 하나님의 성전은 황량한 채로 그대로 두고 있는 모습을 대비시켜 이스라엘 백성이 얼마나 하나님을 그들의 삶의 중심에 두고 있지 않은지를 고발하고 있다.

그리고 자신의 행위를 살펴야 한다고 5절에서 말씀하셨다. 여기서 행위라는 단어는 히브리어 '다라크'라는 동사에서 나온 말로 발로 밟은 행위를 말한다. 즉 자신의 발걸음이 향하는 곳, 자신의 행동, 행위 등을 의미한다. 그리고 번역성경에는 중요한 단어가 빠져 있는데 원문에는 '레바 브'라는 단어가 들어있다. 이 말은 '레브'라는 단어와 같은 뜻으로 구약성 경에서 많이 나오는 단어 중 하나이다. 우리의 생각과 말과 행동의 근원 지인 이 말은 우리 자신을 나타내는 대표적 정신적 기관으로 성경에서는 '마음'으로 번역되어 있다. "너는 마음과 성품과 힘을 다하여 하나님을 사 랑하라"고 한 신명기 6장 5절 말씀에 나오는 마음이 바로 레브를 쓰고 있 다. 그래서 행위의 근원이 되고 있는 이 레브가 어떤지를 살펴보라고 학 개 1장 5절에서 말씀하고 계신다. 이 살펴보라는 말은 동사 '쉬움'을 사 용하고 있는데 어떤 목표를 향하여 주의를 집중하여 살피라는 의미이다. 하나님께서 사탄에게 욥에 대하여 주의하여 보았느냐고 물으셨을 때 바 로 이 쉬움이란 단어가 사용되었다. 사탄이 본 욥과 하나님께서 보신 욥 이 다름을 알 수 있다. 즉 욥의 레브를 사탄이 제대로 보지 못했음을 욥기 는 시사하고 있다. 욥은 결코 물질적인 축복 때문에 그의 레브를 하나님 께 향하게 하지 않았던 것이다.

그래서 학개 1장 5절은 내가 밟고 있는 방향이 올바른 생각과 판단과 마음에서 나온 것인지를 잘 살펴보라는 것이다. 이런 측면에서 이스라엘 백성들은 그들의 레브를 하나님께 향하지 않고 그들의 생존을 자신의 힘 과 환경에 맡기고 있었던 것이다. 그래서 하나님께서는 이런 삶이 얼마나 허망한지를 7절 이하에서 언급하셨다. 즉 아무리 수고하고 애를 써도 손 으로 물을 움켜쥐는 것 같은 결과를 초래할 것이라고 교훈으로 알려 주신 것이다. 그래서 성전을 재건하라고 하신 것이다.

성전재건은 어떤 의미가 있을까? 성전의 지성소의 법궤에는 십계명과 만나와 아론의 지팡이가 들어있다. 언약의 징표로 계명을 주셔서 모든 복과 화의 근원이 하나님이심을 그 백성들로 알게 하려 하심이었다. 십계명은 하나님의 백성이 하나님의 형상을 가진 자로서 마땅히 할 수밖에 없는 자질을 상징하는 것으로 이방인과 구별된 하나의 증거였다. 즉 이웃을 해하지 않는 것은 바로 하나님을 근거로 했을 때만 가능한 것이다. 이를 더 구체적으로 드러낸 것이 만나이다. 이스라엘 백성의 삶의 근거는 하나님께 있음을 드러내는 것이다. 먹고 마시는 모든 문제는 하나님께서 책임지신다는 것을 상징한다. 마지막으로 아론의 지팡이는 모든 판단과 역사의 최종권위는 하나님께 있음을 상징한다. 불순종은 바로 이 권위를 인정하지 않고 자신이 최종 결정권자가 되었을 때 나타나는 죄악이다.

그러므로 성전재건은 단지 건축물의 원상복구가 아닌 이스라엘 백성의 영적 각성 및 회복이다. 그들은 오랜 포로 생활로 인하여 패배주의와 비관적 태도들이 만연하여 모든 일에 소극적인 모습이었다. 그리고 그 속에서 중심이 되신 하나님을 놓치고 자신의 현실에 안주하는 이 백성들에 대하여 하나님께서는 성전재건을 통하여 영적 부흥이 일어나기를 원하시는 것이다. 즉 그들의 일상적인 삶 속에 하나님의 임재와 살아계심이 역사하시기를 원하고 계신 것이다.

우린 결코 학개서를 교회 예배당을 건축하는 수단으로 적용해서는 안 된다. 교회들이 예배당을 건축할 때마다 성전이란 이름을 사용하여 성전건축으로 명명하여 교인들을 독려하고 건축헌금을 작정하게 한다. 학개서가 말하는 성전은 구약시대에 하나님의 임재와 이스라엘 백성과의 관계를 나타내는 표징물이 존재하던 성소로서 현대교회의 예배당과 전혀 다른 것이다. 정확하게 대비되는 것은 바로 그 성소가 우리 성도 개개인을 가리키는 것이다. 예수님께서 성전을 헐고 3일 만에 다시 짓겠다고 하신 것도 바로 성전이 건물이 아닌 성령이 내주하시는 우리 믿는 성도를 나타내고 있다.

그래서 교회는 개개인 성전을 더욱 거룩하고 흠이 없게 훈련시키기 위해서 예배당 건물이 필요한 것이지 건물 그 자체가 성전은 아닌 것이다. 그럼에도 불구하고 얼마나 많은 교회가 성전의 의미를 혼동하여 건물을 화려하게 거룩하게 하려고 하는지 안타깝기만 하다. 건물로 인하여 의견이 나누어져서 교회가 둘로 나뉘는 일이 허다한 것도 바로 학개서를 올바로 이해하지 못한 무지한 처사인 것이다. '내 백성이 지식이 없으므로 망하는도다 네가 지식을 버렸으니 나도 너를 버려 내 제사장이 되지 못하게 할 것이요 네가 네 하나님 율법을 잊었으니 나도 네 자녀들을 잊어버리리라(호 4:6)'라고 하셨다. 자손까지 저주하시겠다는 무서운 말씀인 것이다.

즉 매 순간 선택할 때마다 바로 우리가 걷고 있는 길이 어떤 마음에서 출발하고 있는지 살펴보란 것이다. 외형적인 모습으로 판단할 것이 아니라 어제의 판단이 오늘의 현재 위치를 결정하고 오늘의 선택이 내일의 결과를 결정한다는 시간성을 인식하라는 것이다. 내 중심의 어디에 있느냐에 따라서 오늘 행동의 해석이 달라진다. 같이 술을 마시고 있어도 어제와 내일이 연결된 장면이 무엇이냐에 따라서 완전히 달라질 수 있다. 한 사람은 어제도 내일도 알코올 중독자일 수 있고 다른 한 사람은 한 영혼을 건지기 위해서 같이 술자리를 같이하는 전도자적 삶이 될 수 있기 때문이다. 이것은 바로 세리와 함께하시는 예수님을 판단한 바리새인들의 오판과 같은 것이다.

그러므로 우리는 사람을 평가할 때 그 단면이 아닌 오랜 기간을 통해서 나온 경험에 근거해야 할 것이다. 더군다나 영적인 세계는 영생을 근거로 하여야 하기에 결국 우리는 누구도 판단할 능력과 자격이 없는 것이다. 이 땅에서 이루어지고 있는 모든 일은 영원에 비하면 찰나에 불과하기 때문이다. 그래서 예수님 곁에서 회개한 죄인이 천국에 가게 된 사건에 대하여 우린 할 말이 없다. 긴 찰나와 짧은 찰나 모두 그저 찰나이기에 우린 오늘도 하나님의 은혜와 긍휼에 의지하며 자신을 살피는 삶에 충실해야 할 뿐이다. 오늘이 내일을 결정하고 내일이 바로 심판의 날을 결정하기 때문이다. 우리의 영혼이 지쳐 있는가? 학개서는 산으로 올라 나무를 구하여 성전을 재건하라고 한다. 우리의 산은 어디며 나무는 어디에 있는 것일까?

황폐한 성전

학개 2장의 초반부에는 학개를 통하여 이스라엘 지도자와 남은 자들에게 지금 현존하는 성전과 옛 솔로몬 성전을 비교해 보라고 하신다. 화려하고 웅장하고 정교한 옛 성전을 기억하는 노인들이 현재 파괴된 성전을 보면 실망감이 크고 좌절하여 고통스러울 것이다. 과거의 영화로운 성전은 사라지고 황폐한 성전만 바라보면서 운명적 현실 속에 회한의 눈물을 흘렸을 것이다. 눈물의 선지자 예레미야의 경고를 무시하고 조롱하며 평화라고 외치던 거짓 선지자의 말을 믿고 패역했던 그들. 그 결과 바빌론의 잔인한 말발굽 아래서 처참하게 밟히고 포로로 끌려가야만 했다. 그리고 70년의 한 많은 타국 포로 생활에서 돌아와서 처참하고 부서져 버린 성전을 목격한 그들의 심정은 어떠했을까?

오백 년 도읍지(都邑地)를 필마(匹馬)로 돌아드니,
산천(山川)은 의구(依舊)하되 인걸(人傑)은 간 데 없다.
어즈버, 태평연월(太平烟月)이 꿈이런가 하노라.

고려의 충신이었던 길재가 폐허가 된 옛 고려의 수도 개성을 지나며 지은 시이다. 백성들의 신음을 외면한 채 자신의 부귀영화만을 누렸던 고려 신하들의 타락이 바로 폐허로 변한 이끼 낀 기왓장이 되어 부패 권력의 허무함을 드러내고 있었음을 길재는 보고 있었던 것이다.

우리 역시 자신의 죄와 패역으로 인하여 현재의 삶이 고통과 아픔에 직면하는 일이 허다하다. 자신의 게으름과 달콤한 선택으로 인생이 망가지는 경험을 우리는 하게 된다. 마시멜로 이야기는 바로 우리 인생의 단면을 보여주고 있다. 실험자는 아이들 10명에게 간식으로 마시멜로를 주고 15분 동안 먹지 않고 참으면 상으로 마시멜로를 두 배로 준다고 하고 방을 나간다. 15분 뒤에 돌아와 보니 그중에서 오직 3명만 참고 나머지는 당장에 그 마시멜로를 먹어버렸다고 한다. 그리고 30년 이후 그들의 삶을 비교해 보니 참고 나중에 먹었던 아이들이 자신의 분야에서 인정받고 환영받는 사람이 되어 있었다는 이야기이다. 숙제하고 노는 아이와 놀고 숙제하는 아이의 수를 비교해도 역시 인간은 본능적으로 고통스러운 것보다 달콤한 것을 대부분 먼저 선택한다. 인간사의 승패 결과는 외적인 환경이나 능력보다는 얼마나 자신을 거룩 안에서 통제하느냐에 달려 있다.

신명기는 분명하게 우리에게 경고한다. 28장 1절에서 14절까지는 순종했을 때 얻는 복과 15절에서 68절까지는 불순종했을 때 당하는 화를 구체적으로 적고 있다. 인간이 얼마나 불순종하기 쉽고 화를 자초하는 일이 많기에 44절에 걸쳐서 그 화를 구체적으로 경고할까. 오늘날도 많은 사람이 이기적인 자신의 쾌락과 육신의 즐거움에 몰입하며 사는지 그 정도가 상상하기 힘들 정도이다. 십계명에 이웃의 아내나 종을 탐하지 말라고 되어 있지만, 싱글은 물론이고 배우자가 있는 남성들이 원조교제로 자신의 말초적인 욕구를 충족시키는 일은 드물지 않은 일이 되어버렸다. 어느 여자 경찰서장이 부임하자마자 자신의 자리를 걸고 서울에서 텍사스촌을 몰아낸 뒤에 많은 사람으로부터 영웅적인 갈채를 받았다. 그러나 인간의 죄악은 그렇게 제도로 단속으로 단숨에 해결되지 않는다. 그 이후에 인터넷 매체를 통한 거래나 음성적인 원조교제가 극성을 부리며 한국 사회를 도덕적 타락으로 부채질하고 있다. 성적인 타락은 가정의 파괴를 시작으로 사회가 무너지는 신호탄 같은 것이다. 그 위대한 로마제국이 멸망하게 된 것도 게르만 민족의 침공이 아니라 시간과 여유가 많았던 로마 백성들이 오락과 성에 탐닉하여 내부가 썩으면서 내려앉은 결과에 의한 것이다.

 문제는 불신자가 아닌 우리 신자들에게 있는 것이다. 불신자는 어차피 도덕이나 윤리를 상대적인 기준이나 시대적인 산물로 바라보기 때문에 얼마든지 성에 대한 탈선을 합리화해가며 살아간다. 그러나 우리에게 하나님의 계명은 시간과 공간에 상관없이 절대적이다. 그래서 우리를 보고 빛과 소금이라고 하는 것이다. 하나님이 그 나라를 멸하지 않는 것은 의인이 10명 있기 때문인 것이다. 그런데도 교회 안에서 신자가 이런 도덕적 타락을 자행하고 있다는 암울한 소식이 들린다. 왜 이렇게 되는 것일까?

 신자들 대부분이 아침에 눈을 뜨자마자 TV를 켜거나 인터넷을 열고 난 후에 성경을 보거나 기도를 하려고 하면 벌써 식사시간이고 출근해야 할 시간이다. 마시멜로를 먼저 먹기 때문이다. 그래서 건너뛰고 허겁지겁 직장이나 학교에 가게 된다. 이런 생활이 반복된 결과는 너무도 뻔하다. 심령이 황폐해졌고 하나님과 대화의 단절이 심각해져서 삶에는 평화와 안식이 없게 된다. 그리고 그 시간이 길어지면 모든 마시멜로의 유혹에 넘어가게 된다. 그리고 그 결과를 마치 학개서의 노인들이 성전을 바라보듯 황폐한 자신을 보게 된다. 죄에 자주 지면서 거룩한 습관을 놓치면 우리에게는 이처럼 이스라엘 원로와 같은 통한의 슬픔을 맞이할 것이다.

하나님께서는 우리 속의 한 점도 나태하고 불손하며 얼룩진 곳을 원하지 않으신다. 이런 오점들을 하나씩 지워나가기 위해서 우리를 때로는 포로와 같은 모습으로 자유를 억압하신다. 그 억압은 때로는 질병으로 재물로 고약한 인간관계로 사업의 실패와 불운한 사고 등으로 우리 앞에 나타난다. 교도소에서 하나님을 진정으로 만난 위인들의 간증 역시 교도소란 포로 생활을 통해서 오직 그분만 바라볼 수밖에 없는 환경 속에서 순전하게 주님을 만날 수 있게 되는 것이다.

우리가 이런 고약한 악습이 있음에도 불구하고 소망과 기대를 가지는 것은 바로 하나님께서 제공하는 모든 것이 우리에게 가장 최상의 것임을 믿는 믿음이다. 즉 이스라엘 백성이 좌절과 고통으로 끝이 나는 것이 아니기 때문이다. 바로 하나님께서 우리의 연약함을 아시고 두려워 말라고 하신다. 이는 결코 우리 잘못과 어리석음에도 불구하고 그것을 또 다른 최선의 길로 인도하시기 때문이다.

그렇다고 계속 같은 죄를 반복할 수밖에 없다는 의미는 아니다. 중요한 사실은 우리가 죄의 길로 접어든 것만큼 하나님이 주시는 풍성한 기업의 영광을 놓치고 산다는 것을 기억해야 할 것이다. 그리고 그렇게 되면 만물을 창조하신 하나님 속에 감추어졌던 비밀의 경륜이 어떠한 것인가를 모르고 사는 가련한 종교인임을 잊어서는 안 될 것이다.

하나님이 바라시는 것

학개서의 배경이었을 시절 이스라엘 백성들의 마음 상태는 어떠했을까? 영적으로 가장 잘 무장되었던 다윗 시대에는 이방 국가를 공격해서 가장 넓은 영토를 확보하는 전성기를 누린다. 싸웠다 하면 이기는 전쟁을 여러 번 하다 보면 인간은 자신감과 의욕으로 가득 차기 마련이다. 지금도 이스라엘 백성들은 그때 누린 강성함을 잊지 못해 다윗을 Great King, 즉 위대한 왕으로 호칭한다. 그냥 다윗 왕이라고 하면 싫어할 정도이다. 그들은 정말로 신명기 28장에서 하나님이 약속하신 순종의 복을 누렸다. 그러나 다윗 이후 솔로몬 시대를 지나 북이스라엘과 남유다로 나누어진 이후에 국력은 영력과 함께 점점 쇠퇴해 가고 급기야 남북이 모두 국권을 빼앗기는 수모를 당하게 된다.

이스라엘은 신정국가이기 때문에 그 당시 백성들은 이방인들에게 이렇게 처참한 수모를 당하며 포로로 끌려가는 상황을 이해하기 어려웠고 하박국 선지자는 이런 일이 과연 공의로운 일인지 하나님께 질문을 던졌다. 어떻게 하나님의 나라가 저 죄 많은 이방인의 칼에 넘어가며 하나님의 백성들이 저 더러운 이방인의 손에 끌려갈 수 있느냐는 의문이다. 그들은 그것이 온 우주를 창조하신 하나님이 두 손을 들고 같이 패배한 것으로 여기고 있었다. 70년 포로 생활을 하는 동안 하나님께서는 에스겔의 환상을 통하여 회복을 약속하시고 포로 생활에서 귀환을 시키신다. 그러나 돌아와 보니 예루살렘의 성벽은 무너져 있었고 성전을 훼손되어 있었다. 그들은 한때 영력은 떨어졌지만, 국력이 강했던 아합왕 시대나 여로보암 2세 때에는 산당과 목상을 향해서 나아가서 자신의 복을 빌었던 역사를 가지고 있었다. 그러나 이제는 포로 생활을 통하여 그들의 자신감은 연기처럼 사라지고 의욕과 열정은 식어버렸고 불안, 두려움 그리고 무관심의 포로가 되어 있었다. 하나님의 나라가 망하고 백성들도 끌려가서 포로가 된 경험은 그들에게 마치 하나님도 같이 힘없이 바라보고 있어야 하는 나약한 존재로 인식되어 있었다.

그래서 성전을 다시 회복하려고 하는 일부 지도자들의 노력에도 불구하고 이방 백성들이 방해를 놓자 중단하고 말았던 것이다. 그리고 자기 스스로 자신의 집을 튼튼하게 짓는 데 열을 올리게 된다. 이런 상황에서 하나님께서는 학개 선지자를 보내어 성전 재건을 1장에서 명하신다. 유대인 달력으로 제7월 첫째 날은 나팔절이며 여덟 번째 날은 속죄일 그리고 15일부터 일주일 동안 장막절로 장막 안에서 거해야 하는 절기로 일을 할 수 없게 되어 있기 때문에 자연히 성전공사도 중단되었다. 그래서 장막절 마지막인 7월 21일에 하나님의 말씀이 학개에게 다시 임하게 된다고 학개서 2장 1절은 시작하고 있다. 의기소침해 있는 이 백성들에게 하나님께서 이 성전을 보라고 하시며 '하자크'라는 히브리어를 사용하여 "굳세어라"고 하셨다. 이 하자크는 전쟁터에서 전사가 적군을 보고 남자답게 강하게 행동하는 것을 의미한다. 다윗이 앗수르와 암몬을 쳐부술 때 다윗의 신하 요압 장군이 부하들에게 담대하고 남자다운 기상으로 적을 이기자고 할 때 쓴 말이다.

이런 근거는 바로 하나님께서 2장 4절에서 '아사'라는 말, 즉 만들다, "시작하다"라는 말을 사용하셔서서 지금부터는 하나님께서 그냥 계시지 아니하시고 간섭하셔서 확실한 회복의 역사를 시작하시겠다고 하신다. 즉 하나님은 말만 하시고 우리보고 하라고 하시는 독재자가 아니시고 우리와 함께하시며 그 역사를 이루어 가시겠다는 살아계신 하나님이시라는 것을 전하기 위해 이 아사라는 말을 사용하신 것이다. 그래서 그 다음 구절에서 애굽으로부터 너희와 루아흐(영)가 함께 있었음을 말씀하고 계신다. 루아흐는 육신인 네페쉬와 대조되는 말로 창세기 2장에서 아담에게 생령을 불어넣어 주셨다고 했을 때 사용한 말이 바로 루아흐이다. 하나님의 영이 없는 상태가 바로 네페쉬가 되고 이는 하나님을 전혀 인식도 못하는 동물적인 육체를 말한다.

그럼 왜 하박국 선지자 의문대로 하나님의 백성들이 왜 이런 이해할 수 없는 고통을 당해야 하는가에 대한 답을 풀어야 한다. 하나님이 우리에게 원하시는 최종목적은 우리가 거룩해지는 것이다. 우리가 잘 먹고 잘 살고 행복해지는 것이 최종목표가 아니다. 많은 그리스도인이 고난과 아픔과 병마가 들이닥치면 죄를 많이 지어서 그렇다는 둥 아니면 마귀로부터 공격을 받아서 그렇다고 해석하여 회개하고 빨리 고통에서 빠져나오도록 충고한다. 그러나 그것은 하나님이 원하는 것을 전혀 모르는 인간이 만들어 낸 종교적 관념에서의 권선징악적 발상이고 유치한 해석이다.

그래서 히브리서 저자는 "멜기세덱에 관하여는 우리가 할 말이 많으나 너희가 듣는 것이 둔하므로 설명하기 어려우니라. 때가 오래되었으므로 너희가 마땅히 선생이 되었을 터인데 너희가 다시 하나님의 말씀의 초보에 대하여 누구에게서 가르침을 받아야 할 처지이니 단단한 음식은 못 먹고 젖이나 먹어야 할 자가 되었도다. 이는 젖을 먹는 자마다 어린아이니 의의 말씀을 경험하지 못한 자요, 단단한 음식은 장성한 자의 것이니 그들은 지각을 사용함으로 연단을 받아 선악을 분별하는 자들이니라."(히 5:11-14)라고 했다. 이처럼 하나님께서는 제대로 선악을 분별하는 능력을 터득하기 위해서 연단 즉 고난을 허용하시는 것이다. 이런 고난을 피하도록 하고 외면하고 거부하는 행위는 바로 세상 종교와 하등의 차이가 없는 십자가 없는 기독교이며 시중에 이런 복음이 난무하고 있다.

위의 말씀에 대한 경험은 결국 우리를 거룩에 이르게 하고 하나님의 최종목표에 도달하게 하는 과정에 필요하다. 그래서 학개서의 다음 부분은 바로 그 거룩에 대한 내용을 고기와 시신의 예를 들어서 설명하고 있다. 이 부분에 대한 이해는 바로 하박국 선지자의 질문에 대한 답이요 욥기의 핵심 주제인 것이다. 오늘도 신앙이 좋고 죄를 짓지 않고 회개한 자는 결코 아픔도 슬픔도 고통이 없이 살 수 있다고 가르치는 복음은 거짓 복음이다. 그러면 마태복음 7장에서 나오는 주여 주여 하는 자와 같은 비참한 결과를 맞이할 것이다. 성경을 자기 입에 맞도록 재단하여 적용하는 이들을 경계해야 하고 우리 자신이 진정 성경에서 이야기하는 것을 땀 흘려 알려고 애쓰지 않으면 우리 어느새 하나님과 상관없는 영적 도박이나 자기도취에 빠진 맹신자가 되어 있을 것이다. 부지런히 주야로 말씀을 묵상하여 진정한 복을 누리는 자가 되기를 간절히 소망한다.

순종과 거룩

"너희가 순종하는 자식처럼 전에 알지 못할 때에 따르던
너희 사욕을 본받지 말고 오직 너희를 부르신 거룩한 이처럼
너희도 모든 행실에 거룩한 자가 되라 기록되었으되
내가 거룩하니 너희도 거룩할지어다 하셨느니라."

(베드로전서 1 : 14-16)

　베드로전서 1장 14절은 순종하라고 시작하지 않고 '순종하는 자식처럼'
이라고 하여 순종하는 것을 자연스러운 현상처럼 묘사하고 있다. 그러므
로 현대교회에서 순종하라고 설교하거나 권고하는 것은 어떤 의미에서
비성경적이다. 그런 설교가 나오는 이유는 복음을 받아들이면서 아직도
자신의 자아를 하나님의 통치와 다스림 안에 들어가기를 생략하고 신자
행세를 하는 교인이 너무 많기 때문이다. 하나님께서 하시는 일과 방향
은 무조건 옳고 절대적으로 선하다는 동의와 항복 없이 그저 서로 필요
를 채우기 위한 관계로 오해하는 신자가 많기 때문에 순종하라고 강대에
서 고함치는 것이다.

우린 하나님과의 관계가 회복되면서 죄를 지을 능력과 힘이 있지만 이제 죄를 지을 권리는 없다. 왜냐하면, 애굽으로 건짐 받은 후에 우리가 자유의 몸이 된 것이 아니라 주인이 바뀌었을 뿐이기 때문이다. 옛 주인은 사악해서 자신을 되도록 숨기면서 죄를 즐길 권리가 있는 것처럼 착각을 불러일으켜 죄에 빠지게 했다. 그러나 새 주인은 선하고 의로우시고 자비하시고 죄와 너무나 거리가 멀기 때문에 우리에게 그런 권리를 주지 않으셨다. 그래서 우리가 죄를 범하게 되면 권리가 없기 때문에 죄인이 된다. 그러나 신자는 죄를 법적으로 정죄 받는 것이 아니다. 바로 하나님의 자녀로 부끄러운 행동을 한 것이다. 마치 아름다운 여인이 단정하지 못한 옷차림과 헝클어진 머리와 앙칼진 손발톱을 하고 있는 것과 유사하다.

아름다운 여인이 자신을 아름답게 하기 위해서 몸과 피부를 정성을 다해서 관리하고 다듬어 가듯이 죄를 지을 수 있는 힘을 성령님의 손길에 두게 하는 것이 바로 순종하는 것이다. 그래서 순종은 영적인 아름다움을 드러내게 하는 열쇠인 것이다. 14절 말씀에 사욕을 본받는다는 말 중에서 본받는다는 말의 원어는 '수스케마티조'라는 동사로서 어떤 물건을 만들어 내기 위해서 형틀을 만드는 것을 의미한다. 공장에서 장난감을 찍어내기 위해서 기본 틀인 주물이나 금형을 만들어서 거기에 플라스틱 액체를 부어 넣어서 원하는 제품을 만드는 과정과 유사하다. 즉 나쁜 습관은 해로운 행동을 찍어내고 좋은 습관은 건전한 행동을 만들어 내듯이 우리의 행동과 결정이 모두 이처럼 순종의 틀을 만들어서 거기에서 거룩한 행실을 찍어내어 가야 한다는 것이다.

거룩이란 그저 도덕적인 참된 행동만을 의미하지 않는다. 하나님을 모르는 사람 중에 얼마든지 예의 바르고 정직하고 헌신적인 사람이 있다.

거룩은 모세가 떨기나무에서 만나고 돌판을 들고 시내산에서 내려올 때의 그 신령하고 신비하고 말로 설명할 수 없는 기운과 모습을 하고 있는 것이다. 거룩은 인간 스스로 만들 수 없는 하나님의 신령함이며 그 속에 자비, 겸손, 긍휼, 순수함이 들어있다. 절대적으로 투명하고 맑은 정도인 것이다. 그래서 우리가 이 거룩함을 지닌 사람을 만나면 우린 영원한 하나님의 영광을 보는 듯하다. 그 감격은 세상의 어떤 것과도 바꿀 수 없게 된다. 아브라함이 이삭을 바치며 순종하는 그 순간에 우린 아브라함의 거룩함을 본다. 스테판이 돌에 맞아 죽어가면서 저들의 죄를 저들에게 돌리지 말라고 했을 때 우린 알 수 없는 거룩함을 만난다. 사자 밥이 되어 가면서도 찬송을 부른 원형경기장의 그리스도인들 속에서 역시 거룩함이 스며들어있다. 이처럼 순종은 죽음을 이기게 하는 가슴설레는 거룩을 낳게 되는 것이다.

그러나 이런 거룩한 삶은 결코 하루아침에 완성되지 않는다. 매일매일 우린 읽고 보고 듣고 노래하는 것이 어떤 것인지 살펴야 한다. 수없이 쏟아지는 미디어 홍수 가운데 우리 속에 들어오는 온갖 정보가 우리 영혼을 맑게 하기는커녕 혼탁하고 잔인하며 저급하며 매정하며 이기적이며 조급한 내용이 우리의 마음과 생각을 지배하고 산다면 한 달, 1년, 5년, 10년 후에는 과연 어떻게 될지 상상해 보아야 한다. 기름지고 콜레스테롤이 많은 포화지방 음식만을 계속 먹으면 당장은 아니지만 몇 년 후에 심혈관계에 이상이 와서 어느 날 졸도하여 갑자기 생명을 잃게 된다. 상상력과 지혜와 깊은 도덕적 교훈과 영혼을 흔드는 클래식 음악이나 고전 대신에 가볍고 말초적이며 순간적인 자극을 주는 헤비메탈이나 영화나 게임 등은 영혼의 동맥경화증을 안겨 줄 것이다.

또한, 이런 개인적 오관을 어디에 두느냐는 판단은 우리가 만나는 사람과 장소와 말을 결정하게 된다. 우린 순종의 끈을 놓으면 자연스럽게 우리 육신이 즐거워하는 쪽으로 걸어가고 그런 사람들이 모여있는 곳에서 자신을 발견하고 그들과 대화를 나누게 될 것이다. 그들은 하나같이 거룩을 조롱하고 어리석은 것으로 여기는 폭주족임에도 불구하고 우린 그들의 용맹함과 자유분방함을 은근하게 부러워하기도 한다. 이제는 통신장비의 발달로 마음만 먹으면 언제 어디든지 그런 불경건한 자들이 모여있는 곳을 마음껏 방문하여 그들과 깔깔거리고 자기의 영혼을 파는 행동을할 수 있게 되었다. 물론 그들은 모두 전도의 대상이기에 우리가 완전히담을 쌓고 살 수는 없다. 오프라인이든 온라인이든 우린 같은 세상 속에살고 있기 때문에 한 번씩 그들을 만나고 교류도 해야 한다. 그러나 상습적으로 그들과 늘 같이하게 된다면 우린 쉽게 거룩한 속성을 잃고 죄 가운데 빠지게 된다.

유머에 관심이 많은 본인은 중년 카페의 유머난을 방문해 보았다. 80%이상의 유머가 성에 관한 저급한 것이었다. 물론 성도 삶의 일부이니 유머의 한 부분을 차지하겠지만, 온통 황색 유머로 도배하는 중년 카페는그야말로 진흙탕 같은 느낌을 주었다. 또한, 젊은이들 사이트에서는 게이를 아주 자연스럽게 받아들이고 오히려 확산 보급하려는 움직임이 엿보였다. 오늘날 우리 그리스도인은 모세의 떨기나무의 거룩함은 고사하고 온통 소돔과 고모라의 함정을 피해 다녀야 할 형편이다.

그래서 우린 아브라함처럼 소돔과 고모라와 영적인 단절을 해야 한다.롯처럼 그곳에서 거주하면서 거룩해질 수 없다. 우리의 생각과 마음을 거룩함으로 채우기로도 시간이 부족한 시대에 살고 있다. 자본과 자유가 주어져 우린 우리의 눈과 귀를 즐길 기회가 많은 지역에 살고 있다. 그러나 그렇다고 핍박과 고통 속에서 목숨을 걸고 신앙을 지키고 있는 북한의 우리 형제들이나 자매들보다 더 거룩한 삶을 살고 있는지 물으면 자신이 없다. 물질을 감당하지 못하고 타락하는 교회를 두고 나라가 경제적으로 파탄되게 해달라고 기도하시는 목사님을 본 적이 있다.

우리는 우리가 가는 장소와 만나는 사람이 누구인지가 나의 거룩함의 척도이다. 이런 거룩함을 나누는 친구나 배우자나 스승이 있다면 우리는 이 세상에서 가장 행복한 사람일 것이다.

헛된 행실과 고귀한 피

"너희가 알거니와 너희 조상이 물려 준
헛된 행실에서 대속함을 받은 것은
은이나 금같이 없어질 것으로 된 것이 아니요
오직 흠 없고 점 없는 어린 양 같은
그리스도의 보배로운 피로 된 것이니라."

(베드로전서 1:18)

어느 날 우리가 조상이 물려준 헛된 행실에서 그리스도의 피로 구속되었다는 말씀을 들었다. 헛된 행실이란 어떤 것일까? 이스라엘 조상들이 범한 헛된 행실은 첫째로 불신이었다. 가나안을 정탐한 후에 하나님에 대한 신뢰를 저버리고 가나안족의 장대한 기골에 주눅이 든다. 자신들이 메뚜기처럼 작아진 존재인데 그들과 싸워서 땅을 빼앗는다는 것이 불가능하며 자신들의 패배와 죽음이 두려웠던 것이다. 우린 하나님에 대한 불신으로 관계가 멀어지면 사람과 환경을 두려워하게 되어 불신자들 앞에서 당당해지지 못하고 오히려 비굴해진다. 아브라함과 이삭이 식량이 떨어져 이방 국가에 내려갔을 때 죽음이 두려워서 자신의 아내를 누이라고 속여서 목숨을 건지고자 했다. 그 결과 이방인의 왕으로부터 심한 질책을 받는 수모를 겪게 된다. 오늘날 많은 교회가 불신자들보다 못한 도덕성 때문에 기독교윤리실천운동이라는 단체가 만들어져서 교회 정화에 애쓰고 있다. 이런 단체가 존재한다는 자체가 부끄러운 일인 것이다.

두 번째, 불신은 불평과 원망을 가져온다. 가나안 정복은 가능성이 없고 다시 애굽으로 돌아갈 수도 없는 상황이 되자 이스라엘 백성들은 애굽에서 자신들을 불러낸 모세와 하나님에 대해 불평하게 된다. 우린 우리에게 주어진 환경에 대하여 얼마나 많은 불평을 하고 사는지 묵상해보자. 하도 교회에서 불평하지 말고 감사하라고 하니 대놓고 불평하지 못하지만, 마음속에는 자신의 환경에 대한 은근한 불만이 모두에게 있다. 배우자, 자녀, 친구, 이웃, 직장동료, 상사, 부하직원, 학생, 스승, 심지어 자신이 사는 도시 국가에 대한 불만은 조금씩 다 가지고 있다. 하지만 그리스도인 대부분은 설교를 통해서 감사하라고 하기 때문에 이런 불만은 가능한 한 표출하지 않으려고 한다.

그러나 좀 더 깊이 살펴보면 부러움 역시 불만의 또 다른 얼굴이란 사실을 우린 알아야 한다. 우린 주위 사람이 나와 비교하여 조금이라도 나아 보이면 부러운 마음이 든다. 그런데 이런 부러운 마음은 대부분 물질적이며 육신적인 것들이다. 재산, 지위, 학력, 외모, 권력, 건강, 자녀, 능력, 출신성분, 피부 색깔 등등 어느 하나든지 주위에 있는 사람이 나보다 나아 보이면 부러운 마음이 든다. 그러나 부러운 마음속에는 하나님 왜 나에게는 이런 것을 채워주지 않느냐는 불만 섞인 마음이 포함되어 있다. 바울은 빌립보서 4장 11절에서 어떤 형편에든지 나는 자족하기를 배웠노라고 했다. 왜냐하면, 하나님께서 바울에게 가장 최선의 물질을 제공하신다는 것을 바울은 알고 있었기 때문이다. 그러므로 바울에게는 이런 것에 부러움을 느끼지 않았을 것이다. 오히려 그는 하나님을 아는 열심에 부족함을 느끼고 관용의 결핍에 부족함을 깨달아 바나바로부터 용서와 자비의 미덕에 관해서는 부러움을 가졌을 것이다. 마가를 두고 바나바와 다투었던 자신을 바울은 말년에 후회하고 마가를 다시 부른다. 하나님께서는 이런 영적인 부족함에 대한 부러움을 기뻐하신다. 우리의 부러움이 어디에 있는지가 우리 신앙의 수준을 결정한다. 바울은 말년에도 디모데에게 가죽 종이에 쓴 책을 가지고 오라고 한다(디후 4:13). 대사도요 이제 신앙이 연륜이 무르익을 대로 익은 바울에게 영적인 진보면에서 뭐가 더 필요할지 의문이 들지만, 바울은 생명이 다할 때까지 하나님의 말씀에 대한 갈급함으로 살았었다. 그리고 푯대를 향하여 신앙의 경주를 계속하였다. 우리의 부러움이 물질적인 것이면 바로 불평에 뿌리를 두고 있고 영적인 것이면 자신의 부족을 통감하고 하나님께 나아가는 감사와 겸손에 뿌리를 두는 것이다.

헛된 행실의 마지막은 불순종이다. 불신과 불평은 결국 불순종의 종착역에 도착하게 된다. 불순종은 하나님께서 우리 인생의 전반에 간섭하시고 인도하시는 과정과 결정권과 책임에 대하여 받아들일 수 없다고 거부하는 것이다. 그 이유는 하나님이 미덥지 못하다고 판단하기 때문이다. 신명기 말씀을 통해서 너희가 나의 계명을 지키고 순종하면 복을 받을 것이요 그렇지 않으면 화가 임할 것이라고 분명하게 모세를 통해서 선언했음에도 불구하고 이스라엘 백성들은 하나님의 마음을 불편하게 하는 우상을 섬기는 일을 즐겨 하게 된다. 우린 쉽게 이스라엘 백성들에 대하여 한심한 백성이라는 말을 하기도 한다. 홍해의 기적과 만나와 메추라기로 먹이시고 여리고를 무너지게 하신 위대한 권능을 보고도 마음 돌리는 이스라엘 백성에 몰상식한 행동에 고개를 저을 수도 있다.

그러나 불순종은 그렇게 단순한 문제는 아니다. 왜냐하면, 다스림에 대한 우리의 이해가 너무 인본적이기 때문이다. 예를 들어 어른들은 물가, 인플레이션, 수입, 지출, 대차대조표 같은 것을 다 설명해 주면서 어린 아이에게 돈을 아껴 쓰라고 하지 않는다. 설명을 해주어도 이해가 되지 않는 경우에는 어른이 아이에게 다스림으로 명령을 내릴 수밖에 없다.

그런데 인간은 자신이 이해가 되지 않는 명령이나 지시를 거부하는 본성을 가지고 있다. 그 이유는 인간은 스스로가 결정권을 가지기 원하기 때문이다. 사춘기가 바로 이 싸움이 시작되는 시기인 것이다. 부모의 말을 일방적으로 복종했던 시절에서 자신의 이성과 논리에 어긋나면 반기를 드는 시기가 바로 사춘기이다. 그러면서 부모에게서 독립할 준비와 훈련을 하는 시기인 것이다. 물론 이런 독립은 성경에서 요구하는 독립이다. 부모를 떠나서 부부가 한 몸이 되어야 하는 자연적 순리과정을 하나님께서 허락하셨다.

그러나 하나님으로 독립하려고 하는 인간은 자신의 모든 영역에서 자신이 주인행세를 하려고 하는 죄성을 가지고 태어난다. 그래서 자신이 이해되지 않는 하나님의 주권과 계명에 대한 반항과 무관심으로 불순종의 삶을 사는 것이다. 인간은 죄에 휩싸여 있기 때문에 한치의 앞을 내다보며 바른 판단을 할 수 없다. 모세가 아무리 애굽의 왕실에서 최고 교육을 받아도 그가 그의 백성을 단 한 명도 건져내지 못하듯이 지혜와 현명함에서 우리와 하나님 간에 엄청난 간격이 존재한다. 그럼에도 불구하고 구약의 이스라엘 백성은 영적 문둥병이 걸려서 위기의 순간 이외에는 대부분 자기 생각이 옳다고 믿고 그 엄청난 간격을 망각하거나 무시한다.

넘치는 기적이 아무리 많아도 인간의 내면이 변하지 않으면 인간은 결코 하나님을 신실하게 대하지 않는다는 것이 구약성경의 교훈이다. 즉 힘을 가진 권력자에게 보이는 순간에는 복종하지만, 자리를 떠나면 언제 그리했느냐의 식의 태도가 바로 자연인의 모습인 것이다. 이런 단편적이고 자기만 아는 인간에게 하나님께서는 자신의 사랑을 가장 지혜롭고 최상의 방법으로 보여주셨다.

십자가는 우리가 얼마나 불순종의 극단에 가 있는가를 아는가에 따라서 그 고귀함이 이해되고 드러난다. 죄가 더하는 곳에 은혜가 더 한다는 말을 죄를 많이 지어야 은혜가 깊이 깨달아진다는 말로 오해해서는 안 된다. 우리가 이미 머무는 자리와 태도와 생각과 판단과 행동 그 자체가 거룩하신 하나님과 얼마나 동떨어져 있는가를 알아야 예수님의 피를 고귀하게 느끼게 된다. 그래서 예수님께서는 산상수훈에서 화를 내는 것은 살인하는 것이라고 했고 원수를 미워하면 안 된다고 하신 것이다. 우리는 갈색을 검은색에 비교하여 내가 밝은색이라고 하면 자신이 얼마나 어두운색인지 알 수 없다. 흰색을 넘어서 투명한 색과 비교해야 자신의 색깔이 얼마나 어두운색인지 절감하게 된다.

그렇다, 바로 그 보배로운 피로 우리가 흰 눈처럼 희게 되었다. 대지가 검으면 검을수록 하얀 눈은 더 눈부시고 감격스럽다. 온 대지를 하얗게 덮어버린 놀라운 은혜의 함박눈이 오늘따라 시리도록 아름다운 선물로 다가온다.

스마트폰 신앙

"그는 창세 전부터 미리 알린 바 되신 이나
이 말세에 너희를 위하여 나타내신 바 되었으니 너희는
그를 죽은 자 가운데서 살리시고 영광을 주신 하나님을
그리스도로 말미암아 믿는 자니 너희 믿음과 소망이
하나님께 있게 하셨느니라."

(베드로전서 1:20-21)

창세 전에 미리 아셨다는 표현은 '프로기노스코'라는 동사를 쓰고 있다. 이 말은 일반적으로 불신자들이 생각하는 운명 재수 우연에 의한 어떤 사실을 알고 있는 정도의 뜻이 아니다. 즉 예정이나 작정과 같은 인격적인 관계를 포함하는 말이다. 예수님께서 죄를 구원하셔야 한다는 예정은 우리를 포함하고 있다는 것이다. 이는 사도 바울이 에베소서 1장에서 창세 전에 미리 택하심과 일맥상통한다. 비록 문장상에서는 예수님이 메시아로서 역할을 미리 정하셨다는 것을 나타내고 있지만, 구원의 대상이 우리이기 때문에 하나님과 예수님 그리고 우리의 관계는 시간을 초월하여 이미 존재하고 준비하시고 계획을 세우셨다는 사실은 우리를 무한한 감사와 말할 수 없는 고귀한 신분으로 초대한다.

그래서 우리가 이런 하나님의 섭리와 예정과 구원과 계시에 대한 것에 좀 많은 관심을 가지고 열광하게 되면 우리의 문제는 작아지게 되고 두려움도 사라진다. 얼마 전에 대기업 회장 아들이 술집에서 얻어맞고 오자 아버지가 직접 때린 조폭들을 으슥한 곳으로 끌고 가서 가죽장갑을 끼고 분노의 주먹으로 복수를 했다는 소식을 들었다. 아버지가 대기업의 총수이면서 조폭 세계까지 손을 볼 수 있다면 아들은 어디를 가도 주눅들 것 없이 아버지의 힘을 믿고 활개 치고 다닐 수 있다. 그러나 그런 힘이 있는 아버지인지를 잘 모른다면 그 아들은 그렇게 당찬 모습으로 활보하고 다닐 수 없을 것이다. 아버지가 어느 구석까지 그 힘을 미칠 수 있는지 알고 모르고에 따라 아들의 운신의 폭이 달라질 수밖에 없다.

마찬가지로 하나님의 권능과 파워가 어떠한지, 그분이 어떤 분이신지 잘 알고 모르는 여부가 우리 신앙인의 마음과 생각과 선택에 결정적인 영향을 미친다. 우주를 창조하기 이전에 계셨고 창조 이전에 구원을 계획하여 놓으셨다는 사실을 알고 있다면 우리가 걱정하면서 기도 제목을 올리는 많은 목록이 줄어들 것이다. 그러면 그분에 대하여 좀 더 알게 해 달라고 기도하고 하나님의 나라와 의를 위한 기도를 하게 될 것이다. 물론 우리 하나님은 우리가 얻어맞았다고 해서 대기업 총수처럼 보복하시는 그런 공의롭지 못한 행동을 하시는 분이 아니다. 그러나 오히려 가장 최선의 길로 갚아주시기 때문에 우린 당당하게 가슴 펴고 살아갈 수 있다. 그중에서 가장 엄청난 특혜는 바로 죽음이 우리를 겁박할 수 없다는 것이다.

죽음만큼 우리를 두렵게 하는 것이 없다. 죽음이라고 해서 무슨 총과

칼의 위협과 같은 극단적인 죽음만을 이야기하는 것은 아니다. 우리가 입고 먹고 사는 경제활동 중에서 물가가 오르고 직장에서 쫓겨날까 두려워하고, 지출은 많아지는데 수입은 줄어드는 등 우리의 생활 속에 겪는 두려움 역시 모두가 죽음을 배경으로 깔고 있다. 직장에서 해고되어 먹을 것이 없으면 굶어 죽으면 된다. 아사 순교인 것이다. 순교가 얼마나 영광스러운 일인가? 그러나 이런 아사 순교는 아프리카를 제외한 소수 국가를 제외하고는 잘 일어나지 않는다. 그럼에도 불구하고 인간은 끝없이 먹고사는 문제로 고통스러워하고 두려워한다. 하나님과 천국에 대한 감각이 있다면 그럴 수가 없다. 창세 전에 우리를 기억하시고 준비하신 분인데 먹고 사는 문제가 과연 문제가 될 수 있을지 조금만 하나님에 대하여 묵상해보면 우린 해방될 수 있다.

죽음의 문제가 극복되면 진리를 바로 볼 수 있는 눈이 열리게 된다. 첫 번째는 잡신과 교통하는 무당이나 접신하는 사람에게 자신의 운명과 미래를 알아내려고 하는 참람함을 모두 바른 진리 안에서 거를 수 있는 능력이 생기게 된다. 본인의 고향은 아직도 무당과 풍수지리, 사주 관상을 보는 풍습이 그대로 남아 있다. 지금은 모친께서 하나님을 영접하신 이후에 그런 일이 없지만 10년 전에 불행한 사건이 계속 일어나자 풍수지리를 보는 사람이 와서 지붕을 고치고 담을 낮추라고 어머님께 충고한 적이 있다. 그 이후에 또 불행한 사건이 생겨 본인이 고향에 갔는데 마당에서 그 풍수지리가를 만나게 되었다. 난 정면으로 그의 눈을 쳐다보았다. 그러자 그는 고개를 떨구고 집 밖으로 도망치듯 나가버렸다. 사주도 보고 관상도 보고 풍수도 보는 그는 불신자들에게 큰소리치며 자신의 실력을 드러내곤 했지만, 예수의 영을 믿는 나의 눈과 마주치기 싫어서 도망치는 모습을 보고 하나님의 진리가 살아있음을 새삼 깨닫게 되었다.

또한, 인간이 만든 신, 종교, 초월적인 명상, 요가, 뉴에이지와 같은 하나님을 흉내 내는 유사진리를 판별할 힘이 생기게 된다. 즉 고통과 혼란의 정신세계를 수련을 통해서 극복하려는 인간의 바벨탑은 독립된 인간의 추구하는 최악의 우상숭배인 것이다. 이곳에는 하나님을 떠나 활동하는 모든 움직임이 죄라는 성경적 진리를 무시하고 시간 속에 들어오신 하나님을 거부하고 스스로가 선을 자기 암시와 최면과 수련을 통해서 쌓을 수 있다고 믿는다. 광명의 천사를 위장하여 인간의 선한 면을 부각해 인간이 신의 경지에 오를 수 있다는 오만한 진리를 퍼트린다. 종교를 가장한 이 세상의 모든 사이비 종교는 바로 인간 스스로 만들어낸 최고의 정신 활동이며 그것은 하나님의 계시와 상관이 없는 사탄의 영역에 지배받는 어두움이 내리깔린 영역인 것이다.

하나님이 우주를 창조하기 이전에 우리를 기억하시고 부르셨다는 사실과 그 완성을 위해서 그리스도께서 역사 속으로 들어오신 오심과 다시 오실 진리를 반석 삼고 있으면 우린 죽음을 극복하고 사물을 바로 볼 수 있는 눈이 열리게 된다. 그러므로 오늘 말씀은 우리가 하나님 안에서 믿음과 소망을 가지라고 한다. 심리학과 철학과 헛된 학문에 우리의 믿음의 근거를 두지 말 것을 당부하고 있다. 그 이유는 인간의 출발점부터 틀린 진단을 가지고 시작하기 때문이다. 모든 문제는 하나님을 떠나서 생긴 것인데 불구하고 인간이 만든 체계는 자신 속에 있는 불순물을 제거하기만 하면 해결된다고 믿고 끝없는 자기 연구에 몰입한다. 여기에서 출발한 종교는 형식과 겉모양을 다듬는 데 온 힘을 다하는 것에 초점을 맞춘다. 머리를 깎고 승려복을 입는 불교나 음식을 분별해서 먹는 이슬람교나 모두 겉모양을 바꾸어 신에게 나아가려고 시도한다.

예수님께서 오셔서 가장 많이 꾸짖고 정죄한 무리가 바로 바리새인들이다. 예수님은 내면의 변화 즉 마음을 다하여 하나님을 사랑하고 이웃을 사랑하는 데 혼신을 다하신 것에 비하면 바리새인들은 겉으로 보이는 행동으로 신앙을 드러내려고 하였다. 우린 백화점의 점원이나 승무원의 웃음과 선거기간에 돌변하는 정치가들이 아이들을 안아주며 포옹하는 친절에 감동하지 않는다. 왜냐하면, 그들의 웃음과 호의는 형식적이며 이중적이기 때문이다.

　　그러나 우린 사랑하는 사람의 미소와 가족의 호의에 마음이 움직이고 기뻐한다. 하나님과 우리의 관계도 마찬가지다. 우리가 두 주인을 섬기는 모습은 마치 방 안에 대화하는 사람을 두고 스마트폰으로 SNS를 하는 것과 같다. 같은 방 안에 있는 사람과 대화하면서 동시에 스마트폰을 사용하는 행동을 우린 매일 하나님 앞에서 하고 있다. 만약 우리가 방 안에 있는 사람이라고 가정할 때 상대방이 계속 스마트폰을 하느라 건성으로 대답하면서 대화를 진행한다면 우리 마음은 과연 어떨까? 그런 식으로 우린 세상과 계속 스마트폰으로 접속하면서 한 번씩 주일날 고개를 돌려 하나님을 힐끗 쳐다보는 행동을 하면서 살고 있지 않은지 자신에게 물어 보아야 한다. 만약 그렇다면 하나님의 심정이 어떠할지 상상해보자. 오! 주님 오만하고 무지한 저의 죄를 용서하여 주시옵소서.

상업성과 예술성

"그러므로 모든 악독과 모든 궤휼과 외식과 시기와
모든 비방하는 말을 버리고 갓난아이같이
순전하고 신령한 젖을 사모하라 이는 이로 말미암아
너희로 구원에 이르도록 자라게 하려 함이라."

(베드로전서 2:1-2)

    이 말씀은 역시 그러므로라는 접속사로 시작한다. 성경은 원래 쓰일 때부터 장과 절이 없었다. 2장의 첫 서두가 그러므로 시작한다는 뜻은 1장 후반절에 이유가 있기 때문에 1장 후반부를 잘 살펴야 한다는 뜻이다. 1장 23절에 우리가 썩지 않는 하나님의 말씀으로 거듭났다는 것이다.

    히틀러는 우수한 종족을 보존하여 독일민족의 우수성이 계승되기를 바랐다. 그래서 거기에 걸림돌이 되는 유대인과 장애인을 제거하려고 했다. 이런 인본적 출생과 인구조정 정책은 지금도 모습은 다르지만 시행되고 있다. 불법체류자 중에서 석박사 학위가 있는 사람에게 우선적으로 합법적인 거주권을 주는 것은 미국 역시 예외가 아니다. 그러나 인간이 노력한 어떠한 우생학적인 방법을 동원해도 인간은 썩음을 경험할 수밖에 없다. 유일하게 썩지 않는 것은 말씀으로 거듭나는 것이다.

말씀으로 거듭났기 때문에 우린 악독과 기만과 외식과 시기와 비방의 옷을 벗어 던지고 신령한 젖을 사모하라고 되어 있다. 즉 거듭나지 않으면 이 죄악의 옷을 입고 다닐 수밖에 없는 것이다. 사도 베드로가 언급한 인간의 죄악의 공통점은 배타성과 상업성과 비도덕성과 맥을 같이한다. 인류를 최초에 창조하였을 당시에 아담과 하와는 포용성과 예술성을 가지고 있었다. 아담은 하와를 뼈 중의 뼈요 살 중의 살이라고 극찬하였고 남자로서의 독특성과 하와는 여성으로서 품격을 가지고 에덴에서 생활하였다. 이런 예술성에 근거하여 아담은 동물들의 고유한 특징에 따라 이름을 지어 찬미한다.

그런데 창세기 3장에 오면서 선악과를 먹은 이후에 아담과 하와는 수치심을 느끼게 된다. 수치심은 자신의 고유성을 잃고 다른 사람과 비교와 경쟁에서 오는 감정인 것이다. 수치심이 해결되지 않으면 당연하게 두려움이 앞서게 되고 그 결과 동산에서 숨어지내게 되었다. 그리고 선악과를 먹은 이유를 상대방의 잘못으로 돌리면서 자신이 책임지지 않고 상대방으로 돌리는 배타적인 모습과 불의함을 드러낸다.

사도 베드로가 언급한 악독은 자신의 영역과 생각만 옳다고 믿는 이기적이며 자의적 판단에 상대방이 도전하거나 무시할 때 취하는 보복적 물리적 대응이다. 즉 자신이 선이고 상대방이 악이라는 배타적 태도로 상대방이 자신과 같은 생각이나 선택을 하지 않으면 물리적인 악독한 행동을 취하는 것이다. 선악과를 먹은 후에 참된 선과 악을 분별하여 행하는 능력이 죽어버렸기 때문이다.

시기 비방은 모두 자신의 절대적인 미를 포기하고 상대와 비교하고 경쟁하면서 발생하는 부정적인 감정에서 출발한다. 즉 상업성에 지배를 받게 된 인간이 자연적으로 가지는 모습이다. 우리는 자신과 가까운 사람이 승진하거나 경사스러운 일이 있었다는 소식을 들으면 마음속 깊이 불편하고 반가운 마음이 들지 않는다. 반대로 자신의 말을 듣지 않거나 자신의 생각과 반대되는 행동을 한 상대방이 실패했을 때 마음 아파하기보다는 고소하다는 생각이 먼저 드는 이유가 바로 배타성과 상업성으로 물들어 있는 우리 마음에서 나오는 것이다. 기만과 외식은 비교에서 오는 상업성을 근거함과 동시에 도덕적 타락을 감추려고 하는 불의함에서 출발한 열등감과 수치심을 극복해 보려는 반사적인 행동이다.

세상은 바로 이 사탄이 지배하는 상업성의 법칙에 의해서 돌아가고 있기 때문에 우린 태어나서부터 주위의 이웃과 끊임없이 비교와 경쟁의 대상으로 삼고 살아가야 한다. 거듭나지 않는 사람들은 결코 이 상업성에서 벗어날 수 없기 때문에 평생을 경쟁 속에서 보내며 살아야 한다. 이것은 개인 대 개인을 넘어서 집단과 집단 그리고 국가와 국가 간에 적용되어 우리의 삶은 날이 갈수록 고달프게 되어 있다.

이 상업성은 시간이 갈수록 그 범위가 확장되어서 이제 국가를 넘어서 세계에서 1등을 해야만 살아남는 상황까지 오게 되었다. 한국에서는 백화점을 통하지 않고 해외 인터넷 쇼핑몰을 통하여 상품을 구입하는 이른바 직구족이 등장하고 있고 계속 그 숫자는 늘어나고 있다. 그러므로 그 경쟁의 강도는 과거와 달리 상상을 초월한 상태로 이르게 되었다. 나그네 된 자인 그리스도인들은 하늘이 주신 예술성을 가슴에 품고 상업성이 지배하는 이 땅에 발을 붙이고 살아야 하는 이중 국적을 가진 사람들이다. 그래서 그 삶이 고달프고 힘들 수밖에 없다.

예술성에 지배를 받으면 인간은 본질부터 그가 하는 어떤 일의 결과이던 그 자신의 고유함과 독특성을 고귀하게 여기는 태도로 무장하는 것이다. 여기에는 비교와 경쟁이 있을 수 없다. 장미와 코스모스 사이에 우열이 없기 때문이다. 그러나 인간은 모든 사물을 숫자와 하여 비교하기를 좋아한다. 물론 과학과 공학에서 숫자는 필수적이다. 그래서 양과 정도를 수치화하는 것은 하나님이 주신 선물임이 분명하다. 그러나 이런 숫자를 인간끼리 비교하는데 매정하게 적용함으로써 인간을 상업화를 시킨 것이다. 하나님이 계시지 않는 세상에서는 이런 경쟁이 없으면 인간이 게을러지고 역사가 퇴보하기 때문에 경쟁을 발전의 원동력으로 여긴다. 그래서 여기에 도덕성까지 가미하여 선의의 경쟁이란 말을 사용하여 사람 간의 비교를 미화시키고 합리화시킨다.

그러나 인간이 게으른 것은 경쟁의 문제가 아니라 이기적이기 때문에 발생하는 것이다. 예술성의 지배를 받는 사람들은 게으를 수가 없다. 자신이 좋아하는 작품이나 일을 하는 사람은 게으를 수가 없다. 그 이유는 예술성이 하늘로부터 오는 것을 알고 있고 그 결과가 나 자신뿐 아니라 다른 사람들을 기쁘게 하는 사랑이란 동기를 배경으로 하기 때문이다. 선의의 경쟁이란 불가능하다. 그 이유는 출발선이 다르기 때문이다. 아프리카 국가에서 김연아와 같은 피겨여왕이 나올 수 없듯이 개인과 회사가 선의의 경쟁을 한다는 것은 이 타락한 세상에서는 가능하지 않기 때문이다.

상업성이 지배하는 구조에서는 예술성을 품고 어떻게 살아야 하는지가 중요한 숙제이다. 먼저 이 상업성이 모든 삶을 지배하는 구조에 희망에 없다는 것을 우린 자기 영역에서 실천해 나가야 한다. 이것이 주기도문에 나오는 '나라가 임하옵시고 뜻이 하늘에서 이루어진 것같이 땅에서도 이루어지리라'를 구현하는 것이다. 노예거래를 반대하며 자신의 생명을 위협을 받아가면서 그 뜻을 이루었던 정치인 윌리엄 위버포스와 같은 신자가 많이 있어야 한다. 그래서 약자를 좀 더 배려하는 복지를 위해서 어떻게 해야 할지 고민해야 한다.

기업가들은 탈세와 변칙 상속과 세습을 멀리하고 사회적 기업이 어떻게 실현될 수 있을지 노력해야 한다. 이윤추구가 유일한 목적인 세상적 기업이 아닌 하나님 나라의 영광을 위해서 포용성과 예술성과 공의로운 방법으로 회사를 경영하는 기업가가 나오기를 기도한다. 상업성에 물든 회사에서 임신했는데도 야근을 해야 했던 가슴 아픈 이야기를 듣고 나니 더 많은 그리스도인 경영자가 하나님의 방법으로 회사를 경영했을 때 어떤 결과가 오는지 살펴보고 많은 간증의 증거들이 넘치는 작은 천국이 그 회사에서 이루어지는 감격을 누릴 수 있기를 소망해 본다.

지금 연변과기대 교수님과 일부 졸업생들을 중심으로 이런 기업을 창업하여 시작하고 있다. 창업이라는 게 이 험한 세상에서 결코 쉬운 일은 아니다. 그 회사의 사장인 졸업생은 이렇게 이야기하였다. "우리는 사업으로 돈을 벌어서 성공하는 데 있지 않고 설령 내일 문을 닫는다고 하더라도 그동안 그리스도 안에서 회사 전 직원이 한마음이 되어서 주님 나라 확장에 도움이 되었으면 그것으로 만족한다"라고 했다. 그리고 이런 회사에서 같이 일을 할 인재가 아직도 너무 부족하다고 고백하였다. 바로 고객을 직접 상대하는 야전군 기업과 이런 기업으로 성장하기를 도와주는 카운셀링 기업과 훈련을 담당하는 기업 등 너무도 많은 분야에서 그리스도인들을 부르고 있다. 기업과 하나님의 나라가 만나는 그곳에 오늘도 하나님께서는 자신의 마음에 합한 자를 찾고 계신다. 그는 바로 상업성에 지배받지 않고 예술적 마음을 가지고 매 순간을 살아가는 그리스도인이다.

빛나는 별

"그러나 (오직) 너희는 택하신 족속이요
왕 같은 제사장들이요 거룩한 나라요 그의 소유된 백성이니
이는 너희를 어두운 데서 불러 내어 그의 기이한 빛에
들어가게 하신 자의 아름다운 덕을 선전하게 하려 하심이라
너희가 전에는 백성이 아니더니 이제는 하나님의 백성이요
전에는 긍휼을 얻지 못하였더니 이제는 긍휼을 얻은 자니라."

(베드로전서 2:9-10)

베드로전서 2장 9절은 '그러나'로 시작한다. 개역개정 번역 이전 판은 '오직'으로 번역되었는데 최근 개역개정판은 '그러나'로 번역되어 있다. 원문의 앞뒤 전후 관계를 살펴볼 때 이는 '그러나'로 번역되어야 한다. '그러나'의 앞부분에는 예수그리스도께서 불신자들에게는 걸림돌이 되어 오히려 자신들의 내면적인 부패성을 드러나게 하신다고 하시며 어둠 속에 갇혀 있는 자들이 더욱더 빛을 싫어한다는 것을 강조하고 있다. 그것은 인간 스스로가 신이 되어 해탈이나 선행을 통하여 자신을 극대화할 수 있다고 믿고 있기 때문이다. 그 허구를 지적하는 예수님이 그 무리에는 좌절과 증오를 일으키는 분이었던 것이다. 그래서 사도 바울은 로마서 2장

에서 도둑질하지 말라 선포하는 네가 도둑질하느냐고 힐문하며 유대인들의 가면을 벗기고 있다. 예수님께서 안식일만 골라서 병을 고치신 행동 역시 그들에게 큰 걸림돌이 되었다. 안식일을 지킴으로써 자신의 의를 드러내려고 했던 그들의 속내를 예수님께서 알고 계셨던 것이다. 자신의 의는 사랑으로 향하지 않고 바로 인간을 손가락질하는 정죄로 나아가기 때문이다. 간음한 여인을 끌고 온 바리새인들 마음은 바로 자신은 간음하지 않았다는 것을 천하에 보이고 여인을 정죄함과 동시에 걸림돌이 되는 예수님을 곤경에 빠트리기 위함이었다.

인간은 예수님이 아니면 그의 말과 행동과 선택이 절대적으로 자신에게 유리한 쪽으로 향하게 된다. 그것이 아무리 희생적이며 헌신적이며 이타적으로 보이는 것 같아도 100% 순수한 의로움으로 채우지 못한다. 태조 이성계가 고려왕조를 무너뜨리고 새로 조선이란 왕조를 세웠을 때 그가 가장 아끼던 정도전이란 천재적 재상은 토지개혁을 단행하고 각종 법령체계를 수립함과 동시에 《고려사》라는 역사책을 써서 역사를 통해서 바른 교훈을 얻고자 한다. 그는 개국공신과 문무의 모든 권력을 장악한 당대의 최고의 권력가임에도 불구하고 뇌물을 거절하고 청빈한 삶을 살았다. 그래서 이성계의 절대 신임을 받고 건국에 필요한 모든 일을 노심초사하며 진행해 나간다. 그는 백성이 나라의 주인이 되어야 한다고 믿고 왕권이 강화되는 것을 견제하고 신하들을 중심으로 논의를 거쳐 정사가 이루어져야 한다는 이른바 신권주의를 이상적인 정치제도로 믿고 있었다. 어쩌면 오늘날 내각책임제에 가까운 민주주의를 구상한 대단한 인물이었다.

그러나 그는 신흥강국 명나라에 대항하여 굴욕적인 외교 관계를 청산하기 위하여 자신이 직접 만든 진법을 바탕으로 강력한 군사훈련을 시킨다. 이를 감지한 명나라는 정도전을 제거하기 위하여 사신을 통하여 명나라에 입궐할 것을 요구한다. 그러나 정도전은 이를 거부하고 전쟁 준비를 한다. 심지어 자신의 이상 정치를 실현하기 위하여 젊은 중전의 아들인 방석을 세자로 책봉할 것을 권한다. 백성을 위한다는 명분을 내세워 모든 일을 공명정대한 것처럼 보이려고 애쓴 그이지만, 명나라의 요구에 응하지 않아서 백성들을 전쟁의 도가니로 밀어 넣는 모순된 모습과 함께 현명하고 영리한 이방원이 자신의 신권주의에 걸림돌이 된다는 이유로 상식에 어긋나게 가장 어린 왕자인 방석을 세자로 천거한다.

한편 고려왕조에 충성을 맹세하고 조선왕조와 등을 돌렸던 권근은 이성계의 편지를 받은 그의 아버지가 간곡하게 조선왕조에 출사할 것을 유언으로 남기자 지극한 효성으로 조선왕조에 출사하여 정승에 반열에 오른다. 그리고 명나라에 가려고 하지 않는 정도전 대신 자신이 가겠다고 분연히 나선다. 전쟁을 피하고 백성과 나라를 구하기 위하여 목숨이 위태로운 명나라 길을 택하겠다고 나섰다. 태조 이성계를 포함하여 많은 신하가 그의 의연하고 헌신적인 결정에 감동하며 큰 인물로 칭찬한다. 그러나 정도전파에서는 그가 이방원과 사돈 관계를 맺은 것을 알고 있는 명나라에서 그를 절대 죽이지 않을 것을 알고 지원했으리라 판단한다. 이처럼 역사 속에서도 아무리 순수하고 대단한 명분과 대의를 세우고 뜻을 펼친다 하더라도 결국은 그 속에 인간 자신의 의가 포함되어 있고 불순물이 섞여 있기 때문에 피조물의 의로는 하나님께 나아갈 수 없다.

그러나 예수그리스도의 심장과 행함과 결과는 순도 100%의 희생과 이타심과 충성과 사랑이 포함되어 있기에 거기에만 하나님의 임재와 영광이 있는 것이다. 그리고 우리는 그분의 희생으로 흘린 피에 의해서 선택받은 족속이며 왕 같은 제사장이요 거룩한 나라요 소유된 백성이 된 것이다. 그래서 그 긍휼을 입은 백성으로 인을 치셨다.

그러면 우리의 공로가 없으니 아무렇게나 행동해야 하는가? 결코 그럴 수 없는 것이다. 왜냐하면, 구원의 목적은 바로 하나님이 원하시는 수준에 도달하는 것이기 때문이다. 그 수준이란 것이 우리의 업적이나 보이는 충성도의 크고 작음이 아니다. 발로 하나님 사랑의 밀도와 깊이와 높이를 가슴으로 느끼는 것이다.

사랑하는 나의 동역자 정태규 교수님이 2월 15일 소천하셨다. 지난 9년간의 긴 투병 생활을 마감하시고 천국에 가신 것이다. 30대 중반에 연변과기대에 와서 그의 꿈과 이상을 다 펼쳐보지 못하고 떠난 것처럼 보인다.

그가 세 번의 대수술을 하고 과기대에 다시 돌아온 2012년, 학교에서 교직원 수련회 강사로 어느 대형교회 목사님을 모셨다. 목사님은 자신의 기도로 인하여 그 지역에서 가장 큰 교회의 목사로 시무할 수 있게 된 것을 자랑스럽게 설교하셨다. 기도만 하면 거의 대부분이 이루어졌다는 그 목사님의 설교는 마치 성공이 교회의 크기와 상관있는 것처럼 들렸다.

그러나 정태규 교수님은 건강이 악화하면서 강의는 물론이고 사무실 출근도 못 하고 조용히 집에서 지내야 했었다. 9년간의 투병 생활 가운데 한 학기 정도 회복되셔서 학교에 나가 강의하고 학부장 일을 감당했던 그는 그럼 실패한 인생을 살았을까?

우리가 신앙의 척도를 세운 업적으로 잰다면 당연히 대형교회 목사님은 성공한 케이스이고 정태규 교수님은 실패자이다. 그러나 성경은 어디서도 신앙의 척도를 업적으로 판단하지 않는다. 오히려 겉으로 성공한 자의 위험성을 경고하고 있다. 주의 이름으로 귀신을 쫓고 병을 고친 자를 오히려 불법을 행한 자라고 하시며 내치시는 말씀만 존재한다(마 7:22). 대형교회의 성장사례를 예를 들어서 교회성장학 이론을 정립하여 다른 교회에 적용하는 것은 매우 위험한 시도이며 발상이다. 교회의 크기와 목회자의 목양능력은 하나님께서 주신 은사에 불과하다. 그러나 인간은 타락한 흔적을 가지고 있기 때문에 자신의 성공을 거울삼아서 자신감을 가지고 세상과 교회를 해석하려고 한다. 여기에 위험한 함정이 도사리고 있고 자신뿐 아니라 이웃을 실족하게 하는 우를 범하게 된다.

2012년 봄학기 중 나는 다른 3명의 교수님과 함께 계속 기도회를 통해서 정 교수님을 일주일에 한 번씩 만났다. 기도회에서 만난 정 교수님은 그의 연배에 드물게 성숙한 인품과 영적인 깊이를 느끼게 하였다. 병마와 오래 싸우면서 그의 성품과 기질은 성령 안에서 다듬어지고 또 다듬어진 모습을 한눈에 알 수 있게 해주었다. 투병 중이었지만 과기대를 걱정하며 어떻게 나아가야 할지 자신의 생각과 마음을 진지하게 이야기하셨다. 학생들에 대한 애정과 동료들에 대한 사랑은 그의 눈빛과 태도 속에서 은은하게 스며 나왔다. 세 차례 대수술로 그의 몸은 여윌 때로 여위고 목소리조차 가냘픈 허스키한 상태였지만 그의 말은 우리의 가슴을 울리게 하고 하나님의 임재를 느끼게 하였다.

또한, 정태규 교수님은 과기대 교직원들을 기도로 하나 되게 한 장본인이었다. 우리 동료들의 끈질긴 기도 끝에 그가 예배처소에 다시 나타났을 때 동료들은 환호했고 새벽기도까지 나와서 그동안의 기도의 빚을 갚을 때 우리는 감격하였다. 악화되어 다시 한국으로 돌아갔지만, 동료들은 계속 기도의 끈을 놓지 않았고 그를 위해서 기도할 때 우리는 마음이 뜨거웠다. 그는 결코 실패자가 아닌 연변과기대의 빛난 믿음의 사람이었다.

2012년 가을 어느 날 그가 통증을 더 이상 다스릴 수 없어서 떠난다는 소식을 듣고 출발하는 아침 그의 집을 다른 동료 교수와 함께 찾아갔다. 동료 교수 한 분이 미리 와 계셨다. 남향을 향하고 있는 그의 집은 연길 시내가 한눈에 들어오는 탁 트인 조망권을 가진 평화타운이다. 차가 도착할 시간이 좀 남아 있어서 우리 일행은 소파에 앉아서 정 교수님께 눈을 고정하고 있었다. 통증으로 밤에 잠을 잘 못 이루는 그 몸이었는데 불구하고 동요 없이 평소처럼 담담한 모습이었다. 모두들 잠시 한국을 다녀올 것 같은 분위기로 대하는 것 같았다.

이윽고 차가 도착했다는 전화가 와서 우리는 집을 나와 차가 기다리고 있는 출입구로 걸어갔다. 그리고 모두 가벼운 인사를 하고 잘 갔다 오라는 손짓을 했다. 나 역시 가벼운 악수로 작별인사를 하려다가 무언가 끌리는 힘에 의해서 그를 와락 가슴으로 껴안았다. 오랜 병마로 그의 가슴은 백지장처럼 얇은 느낌이 들었다. "정 교수님, 잘 치료하고 오세요, 기도할게요!"라고 하자 "고맙습니다"라고 하셨다. 그리고 그는 그의 아내와 함께 차를 타고 떠났다. 그것이 정태규 교수님을 마지막으로 본 날이었다.

난 더 이상 그를 이 땅에서 볼 수 없지만, 그가 남긴 메시지와 투혼의 삶은 그 어떤 설교와 비할 수 없는 귀한 보배로 나의 가슴에 남아 있다. 가장 위대한 믿음의 사람으로…….

나는 순례자인가?

"사랑하는 자들아 나그네와 행인 같은 너희를 권하노니
영혼을 거슬러 싸우는 육체의 정욕을 제어하라."

(베드로전서 2:11)

어느 나라에 가도 외국인은 내국인과 완전히 다르다. 아무리 오래 살아도 그 나라에서 태어나지 않고 해외에서 이주한 사람은 언어와 풍습과 행동거지가 다를 수밖에 없다. 본인은 미국에 8년을 살았지만, 중고차를 사려고 신문을 보고 전화했더니 내 발음을 듣고 상대방은 내가 동양에서 왔다는 것을 금방 알아차렸다. 이처럼 외국인은 출생이 다르기 때문에 아무리 내국인 흉내를 내려고 해도 소용이 없다.

마찬가지로 거듭난 그리스도인들은 불신자와 다를 수밖에 없다. 오늘 말씀에 의하면 신자는 육신의 정욕을 제어하여 성령의 뜻을 따른다고 한다. 육신의 정욕은 갈라디아서 5장에서 구체적으로 묘사되어 있다. 크게 두 가지로 요약하면 성적인 타락과 시기 분쟁과 같이 이웃과 불화하는 죄이다. 물론 이 두 가지 죄는 오늘날에도 여전히 인간을 추하고 사나운 존재로 전락시키는 주범이다.

성만큼 인간을 양파와 같은 존재로 만드는 것도 없다. 영원성을 종족 보존을 통해서 이루려는 생명력의 해와 같은 존재이지만 역시 자신의 정욕에 따라 상대를 지배하며 채우려는 육신적 화염으로 인하여 스스로 함정에 빠지게 하는 무서운 마력을 가진 실체이기도 하다. 그래서 인간의 육신에 에너지가 넘치면 넘칠수록 성에 대한 그릇된 길을 택할 가능성이 커진다. 성이 얼마나 강렬하고 매혹적인지 전쟁으로 사람이 죽어가는 곳에서도 뜨거운 정사가 일어나고 있음을 대하소설 《태백산맥》은 다루고 있다. 그래서 잠언에서 여러 장에 걸쳐 젊은이들에게 성의 유혹과 위험을 경고하고 있다.

그리스도인 역시 아직 육신이 부활되지 않은 상태이기 때문에 성에 대한 유혹을 받는다. 특별히 여성들은 남성에게 이러한 유혹 거리를 안겨다 주는 행동을 조심해야 한다. 자신을 관능적으로 보이려고 하는 현대 여성의 멋은 어떤 의미에서 죄를 유발하는 공범자이다. 그래서 옛 선조들은 긴 치마를 입었고 보수적인 교회와 학교에서도 단정한 옷을 입게 하였다. 물론 그렇다고 화장을 하지 말라거나 미를 가꾸지 말라는 의미는 아니다. 정숙하고 거룩을 바탕으로 한 아름다움이 표현될 때 거기에 하나님의 영광을 드러낸다.

성은 신비로운 것이다. 그것을 심하게 들추어내어 지식이 많아진다고 해서 거기서 해방되는 것은 결코 아니다. 과도한 성교육은 그래서 오히려 더 해로울 수 있다. 성을 감추기 때문에 성범죄가 많이 일어난다고 주장하는 것은 성을 너무 단순화한 유물론적인 사고이다. 성은 하나님께서 인류의 생명과 사랑과 영원성을 보전하시는 하나님의 신비인 것이다. 포르노는 그런 점에서 성을 동물적 욕구와 육체적 결합만을 노출시켜 성의 거룩함을 능멸하는 사탄의 술책이다.

두 번째 육신적 행동은 관계를 파멸시키는 인간의 이기적 행동이다. 자신이 신이 되면 자연스럽게 나타나는 증세가 바로 자기중심적 생각과 행위이다. 그 결과 다툼, 질투, 분노, 투쟁, 분열, 시기, 살인과 같은 악한 죄가 파생된다. 모든 인간의 불행이 바로 인간관계에서 오는 마찰과 갈등 속에서 오는 것임에도 불구하고 현대인들은 그 원인을 이기적인 내적성향에 두지 않고 현상만으로 문제를 해결하려고 하기 때문에 피상적이며 임기응변식 해법에 의지하며 살아간다. 10년 이상 외국어 공부한다고 난리를 치지만 단 한 학기도 인간관계에 대한 과목이 정규수업에 들어있지 않는 것이 현실이다. 그러면서도 회사생활에서 제일 힘든 것이 인간관계라고 한다. 그래서 시중에 인간관계를 개선하는 방법에 관한 책이 난무하고 있다. 그러나 근본적으로 자기부정과 십자가의 죽음을 경험하지 않은 한 결코 인간은 관계를 해치는 행동에서 자유로울 수 없다.

그런데 설령 구원의 체험을 경험한 신자 역시 때로는 이런 죄악에 빠지는 경험을 한다. 이런 죄악에 빠지지 않으려면 오늘 말씀처럼 우린 이방인처럼 살아야 한다. 아브라함은 롯과의 땅을 선택할 때 롯이 조카였음에서도 불구하고 어린 조카에게 먼저 선택하라고 한다. 롯은 자신의 육신의 정욕을 만족시키는 소돔과 고모라 땅을 선택한다. 결국, 롯은 그 땅에서 구별된 삶을 살지 못하다가 국가가 전쟁에 휘말리는 바람에 포로로 잡혀간다. 이때 롯을 유일하게 구할 수 있는 사람은 그 땅에 있는 사람이 아닌 바깥에 있는 아브라함이었다.

성경은 아브라함을 히브리인이라고 적고 있다. 히브리인이란 강 건너온 자라는 뜻과 방랑자라는 뜻이다. 둘 다 현지인과 구별이 되는 사람들이다. 롯을 구할 수 있는 사람은 그 타락된 문화 속에 거주하지 않는 히브리인 즉 아브라함만이 구원할 수 있다는 것이다. 그 이유는 그런 사람만이 하나님께서 동행하시기 때문이다. 구별된 삶을 살지 않고 어둠을 물리칠 수 없다. 이 어두운 세상에 빛을 던질 수 있는 사람은 바로 어둠 바깥에 있는 우리 그리스도인이다. 그래서 때를 얻든지 못 얻든지 복음을 전할 때 어둠 속에 빛이 비추어진다. 그리고 이 땅에 대한 애착을 버리는 모습에 그들은 신선한 충격을 받을 것이다.

구별된 삶을 사는 사람은 즉 삶의 목적지가 이 땅이 아닌 다른 곳에 있는 사람이다. 아브라함은 철저하게 순례자의 삶을 살았다. 가나안 땅에 살았지만, 결코 가나안 족속들의 문화 풍속을 따르지 않았다. 현대를 살아가는 우리도 순례자의 길을 향하여 가야 하지만 우린 너무 많은 것을 소유하고 있다. 많이 소유한 만큼 우리는 롯이 되어가고 있다. 순례자는 철저하게 육신의 정욕을 부정한다.

이런 육신의 정욕을 버리고 순례자의 삶을 사는 과정을 사도 베드로는 명령을 내리지 않고 권고하고 있다는 사실이 매우 의미심장하다. 그것은 천국의 삶을 사모하는 것은 명령으로 이루어지지 않고 따듯한 사랑의 권고만이 가능하기 때문이다. 남녀가 서로 만나서 관계를 맺을 때 한쪽의 신분이 범접할 수 없이 높다고 하더라도 사랑을 명령으로 이룰 수 없다. 그래서 하나님께서는 우리에게 천국과 하나님을 사모하라고 명령을 내리시지 않고 우리 스스로가 순례자의 삶을 마음속에서 우러나서 살아가기를 원하는 것이다.

오늘도 하나님께서는 말씀으로 우리 스스로 육신의 정욕과 안목의 정욕과 이생의 자랑으로부터 빠져나와 예수님께서 동행하시는 순례자의 길을 걸어가기를 간절히 바라고 계신다. 그런 하나님께 내가 마음을 주지 않고 의무적으로 대한다면 그것이 바로 육체의 정욕을 따르는 것이다. 강제로 우리를 조정하지 않으시며 자신의 세계에 들어오기를 원하시는 그분은 오늘도 우리가 다가오기를 간절히 기다리신다.

핍박이 축복으로

"너희가 이방인 중에서 행실을 선하게 가져
너희를 악행한다고 비방하는 자들로 하여금
너희 선한 일을 보고 오시는 날에 하나님께
영광을 돌리게 하려 함이라."

(베드로전서 2:12)

　예수님께서 불신자들이 우리를 핍박하는 것을 기이하게 여기지 말라
고 하시며 '세상이 너희를 미워하면 너희보다 먼저 나를 미워한 줄을 알
라'라고 하셨다(요 15:18). 본능적으로 기독교를 제외하고 다른 종교를 믿
는 자들과 불신자들은 복음을 거부하고 불편해하고 배척하고 제거하려
고 한다.

　수많은 믿음의 선진이 그들의 신앙을 지키기 위해서 목숨을 바치는 순
교의 역사가 증명하고 있다. 세상과 기독교는 절대로 그 진리를 서로 수
용하지 않는다. 하나는 내려오는 신앙이고 하나는 올라가는 종교이기 때
문이다. 하나는 아브라함을 믿음의 조상이라 하고 하나는 육신이나 민
족이나 국가의 창시자를 조상이라고 하기 때문이다. 하나는 자신이 은

혜가 필요한 죄인이라고 고백하지만 하나는 인간이 환경과 조건을 개선하면 신이 될 수 있다고 자만하기 때문에 두 세력은 근본적으로 가는 길이 다르다.

그래서 우린 우리의 신앙을 포기하지 않는 한 이들과 정신적, 사상적 그리고 내적인 친밀감을 가질 수가 없다. 몸은 서로 같은 방이나 사무실을 쓰고 지내고 있지만 소속이 다른, 마치 구소련과 미국의 간첩이 한 방에서 서로 신분을 속이고 지내는 것과 유사하다. 그래서 우리는 불신자와는 결코 가까이 갈 수 없는 절벽이 존재함을 알아야 한다.

그런데 오늘 성경 말씀은 우리의 선한 일을 보고 오시는 날에 하나님께 영광을 돌리도록 행동하라고 권고하고 있다. 여기서 오시는 날은 예수님께서 오시는 날로만 볼 수 없을 것 같다. 원문에는 정관사가 없으므로 특정한 날을 지칭할 수는 없는 것이다. 즉 우리의 삶 속에서 그 구원의 손길을 내미시는 모든 날을 포함하고 있다. 그러므로 순교자적 삶이란 핍박하는 사람은 무조건 악당이니까 우리는 선한 싸움을 하면서 이를 악물고 천국 만세를 외치는 애국열사나 구국의 혼과 같은 모습은 아니다. 그들에게는 없는 것이 바로 핍박하는 자를 위해서 기도하고 원수를 사랑하는 십자가이다. 그리고 핍박하던 자가 주님의 품 안에 들어올 때 우린 우리가 뿌린 눈물과 땀과 수고가 영광이 되는 성경 말씀에 공명한다.

핍박과 따돌림과 모략은 부정적인 관심이다. 전도 대상 중에 가장 어려운 사람이 법 없이 살 수 있으면서 복음에 무관심한 사람들이다. 죄인임을 스스로 깨닫지 못한 선한 이웃이 오히려 하나님을 매몰차게 거절하는 불신자보다 더 무섭고 힘든 대상임을 체험을 통해서 우린 많이 겪어왔다. 오늘도 나를 무시하고 나의 자존심을 무참히도 짓밟는 이웃이 있는가? 그는 바로 당신에게 하나님의 영광을 안겨주기 위한 선물이며 보석이다.

가정 속에 숨은 비밀

"아내들아 아이와 같이 자기 남편에게 순종하라
이는 혹 말씀을 순종하지 않는 자라도 말로 말미암지 않고
그 아내의 행실로 말미암아 구원을 받게 하려 함이니
너희의 두려워하며 정결한 행실을 봄이라 너희의 단장은
머리를 꾸미고 금을 차고 아름다운 옷을 입는 외모로 하지 말고
오직 마음에 숨은 사람을 온유하고 안정한 심령의 썩지
아니할 것으로 하라 이는 하나님 앞에 값진 것이니라
전에 하나님께 소망을 두었던 거룩한 부녀들도 이와 같이
자기 남편에게 순종함으로 자기를 단장하였나니 사라가
아브라함을 주라 칭하여 순종한 것같이 너희는 선을 행하고
아무 두려운 일에도 놀라지 아니하면 그의 딸이 된 것이니라 남편들아
이와 같이 지식을 따라 너희 아내와 동거하고 그를 더 연약한 그릇이요
또 생명의 은혜를 함께 이어받을 자로 알아 귀히 여기라
이는 너희 기도가 막히지 아니하게 하려 함이라."

(베드로전서 3 : 1-7)

성경을 주의 깊게 살펴보면 나 자신이 중요하다고 여기는 것은 별로 기록되어 있지 않고 오히려 사소하게 생각하는 것들이 나열되어 있는 것을

보고 놀라기도 한다.

오늘 베드로전서 3장을 시작하는 본문 말씀도 큰 꿈과 비전을 가지고 세상을 바꾸어야 한다고 가슴에 푸른 꿈을 가진 신자들에게는 별로 그리 와닿지 않는 말씀처럼 보인다. 즉 2장 후반부에 '종들아 자신의 상전들에게 순종하라'와 '아내들아 남편들에게 순종하라'는 내용은 위치와 장소만 바뀌었지 순종을 요구하는 점에서 다를 바가 없다.

그래서 자유주의자들이나 일부 성경학자들은 이런 구절은 바울이 살았던 시대의 한시적인 제도나 법도로 돌려서 오늘날 인간의 평등과 존엄성이 증진된 시대에는 별로 해당되지 않는 글로 해석해 버리기도 한다. 노예제도가 폐지되었고 남녀가 평등하다고 인식된 현대사회에서 이런 주장을 하면은 오히려 시대착오적인 발상으로 내몰릴 수도 있는 주장처럼 보인다. 게다가 부당하게 대우하고 억지를 부리는 상사나 남편이라고 할지라도 순종해야 한다는 말씀은 좀처럼 받아들이기가 쉽지 않다.

그러나 우린 베드로전서에서 사도 베드로가 우리에게 전하고자 하는 전체적인 흐름 안에서 이 구절을 해석해야 한다. 사도 베드로는 그리스도의 죽음과 부활에 동참한 우리는 영원하고 썩지 않은 유업을 상속받아서 하늘에 간직되어 있다고 했다(벧전1:4). 즉 이스라엘 백성들이 가나안 정복 이후 각 지파별로 땅을 분배받듯이 우리도 하늘에 분깃이 있다. 그러나 그것은 더럽혀지지 않고 없어지는 것이 아닌 영원한 것이다.

그것이 구체적으로 어떤 것인지는 알 수 없으나 우리가 상상하기 어려운 놀라운 것이 우리를 기다리고 있음이 분명하다. 그렇다고 그것이 우리가 생각하는 땅에서 누리는 물질적인 것은 아니다. 그래서 황금길이나 다이아몬드 저택으로 상상하고 기대한다면 아직도 영적인 축복이 무엇인지 모르는 신자이다. 그것은 영성이 깊어갈수록 그 축복에 대한 느낌과 감각이 커지면서 찾아오는 안개 속이지만 감지할 수 있는 천국의 지점 같은 곳이다. 바울이 셋째 하늘까지 끌려 올라가서 보았던 것과 같은 종류의 것이다.

그러나 사도 베드로는 그런 것이 결코 비전을 선포하고 대단한 업적을 남겨서 이루어지는 것이 아닌 불신자 시절에 즐겼던 사욕을 버리고 거룩해야 하며(벧전 1:16) 진리에 순종하며 뜨겁게 사랑해야 이루어진다고 했다(벧전 1:22). 그러려면 갓난아기처럼 순전하고 신령한 젖을 사모하고 구원에 이르도록 자라야 한다고 했다(벧전 2:2). 그리고 그렇게 된 신자를 왕 같은 제사장, 거룩한 나라 소유된 백성이라고 부르신다고 했다.

이런 다음에 이 모든 것을 이루기 위해서 구체적인 실천사항으로 모든 제도를 주를 위해 순종하라고 하시며 첫 번째로 종들이 상전에게 충성하고(벧전 2:18) 아내들은 남편에게 순종하고 남편들은 아내들을 귀하게 여기라는 오늘 말씀이 등장한다.

즉 아내의 순종과 남편의 아내 사랑이 바로 썩지 않는 유업을 이어받고 구원에 이르도록 자라게 하는 가장 대표적인 무대라는 것이다. 무슨 도덕적이나 윤리적인 차원이 아닌 하나님의 목적과 의도와 마음이 실려있는 곳이 바로 가정이며 가장 가까운 사람에게 어떻게 대하고 있느냐가 그 사람의 신앙의 척도라는 것이다. 그러니 가정 일을 팽개치고 남편과 가족에게 소홀히 하면서 교회 일에 푹 빠져 사는 아내들은 근본적으로 이단적인 신앙 노선을 택하고 있는 것이다.

어제는 페이스북을 통해서 27년 만에 독일인 친구를 만났다. 그는 본인이 LG전자에 근무하던 시절에 알게 된 나와 비슷한 연배인, 당시 20대 후반의 아주 성품이 온화하고 이해심과 인내력이 많은 사람이다. 세계 최고 수준의 장비를 만드는 독일업체에서 서비스 엔지니어로 근무하면서 그 당시 수백억 프로젝트에 의해서 진행된 장비가 이상 없이 돌아가도록 하는 역할을 했다. 본인도 이 프로젝트 때문에 독일에 40일을 머물며 장비의 이상 유무를 점검하며 신기술도 배웠다.

때로는 자신이 소속된 회사의 입장 차로 심각하게 대립상태에 있을 때도 그는 아주 잔잔한 미소로 자신의 의사를 표현하며 우리의 입장을 최대한 이해하려는 정성을 보였다. 급하고 모든 문제를 우리 탓으로 돌리려는 그의 상사와는 완전히 다른 성격의 소유자였다. 그를 통해서 독일에 대하여 많이 이해하게 되었고 그가 나의 독일어 선생이 되어서 나중에는 독일어로 대화하는 수준에 이르게 되었다.

그와 몇 달을 같이 지내게 되었는데 그 당시 공장에 근무하던 젊은 여공이 어느 날 나를 찾아와서 그와 사귀고 싶다고 소개를 해달라고 부탁했다. 마침 독일인 친구도 싱글인지라 소개해주었다. 그 이후에 몇 번 통역을 해주었고 그들은 계속 사귀고 있었다. 독일 프로젝트가 끝나는 시점에서 본인은 LG전자를 떠나 미국 유학길을 오르게 되었고 그 독일인 친구와 유학 중에 한 번 편지를 주고받았다. 그 편지 속에는 그 여자와 이미 결혼해서 독일에서 같이 살고 있다는 내용이 적혀있었다. 충격이 느껴졌다. 과연 내가 잘 소개해준 것인지 일말의 책임감 같은 것이 느껴졌다. 그리고 그 이후 소식이 서로 끊겼다.

그런데 어제 이상하게도 그 친구가 갑자기 생각나면서 찾아보아야겠다는 마음이 들었다. 그래서 옛날 다니던 회사를 인터넷으로 찾아 연락해보니 이미 그 친구는 그 회사를 떠나고 없었다. 실망스러운 마음을 누르며 혹시나 싶어 27년 전에 받은 그의 개인명함에 적힌 그의 집 번호로 전화해보니 역시 찾을 길이 없었다. 그런데 페이스북이 있지 않나 하는 생각이 문득 스쳐 지나갔다. 당장 페이스북에 접속했다.

그의 이름을 치니까 제일 처음으로 뜨는 중년의 남성 사진은 비록 변해 있었지만 직감적으로 그임을 알 수 있었다. 내가 친구 신청을 하자 그의 답변은 이것이었다.

「Wow, what a beautiful surprise after almost 27 years! (와, 거의 27년이 지났다니 더할 나위 없이 놀라워!)」

그 역시 그동안에 나를 페이스북을 통해 찾으려고 했지만 찾지 못했다고 했다. 본인 이름이 너무 흔해서 찾기 어려웠던 모양이다. 그 역시 어제 아침에 자고 일어났는데 내 생각이 나서 한참 과거를 회상했다고 했다. 그런데 나로부터 연락이 왔으니 얼마나 큰 충격이었을까.

우린 당장 Skype id를 주고받으며 감격스러운 대화를 시작했다. 20대 후반에 헤어져서 50대 중반에 재회한 서로 국적이 다른 남자들의 만남이었다. 그의 말투와 음성 속에 여전히 젠틀한 인품이 묻어있었다. 27년간의 단절을 무엇부터 물어보아야 할지 망설여졌다.

그 친구 마찬가지였다. 서로 벅찬 감격에 무슨 말을 해야 할지 몰라 침묵이 흘렀다. 남북 이산가족 상봉 장면이 생각나며 그들의 감격과 환희와 눈물이 어느 정도 공명하는 느낌이었다.

역시 가족소개가 제일 먼저였다. 그는 아들 하나 딸 하나를 두었고 모두 잘 장성하여 자랑스럽게 생각한다고 했다. 그리고 나는 그의 아내에 대하여 물었다. 잘 있느냐고. 사실 난 이미 직감적으로 그의 페이스북을 보는 순간 이혼이란 단어가 떠올랐다. 그의 페이스북에 그의 아내 사진이

한 장도 없었기 때문이었다. 서양사람들은 대화에 반드시 가족을 등장시키고 자기소개에도 가족 얘기가 빠지지 않는다.

아니나 다를까 그녀와 20년을 같이 살다가 그녀가 한인교회를 나가기 시작하면서 사람이 변하기 시작하더니 자신의 월급으로 감당하기 어려울 수준으로 돈을 쓰기 시작하였다고 했다. 물론 교회에 내는 돈을 포함하여 한국에서 여동생과 친척을 불러 같이 살면서 지출하는 경비가 자신의 급여로는 감당할 수 있는 한계를 넘어버렸다고 했다. 40대 후반에 그 친구는 독일회사의 아시아 지역 책임자로 임명되어 꽤 높은 수준의 월급을 받았지만, 아내의 지출을 감당하기 어려워 파산신고와 함께 그 직장을 그만둘 수밖에 없게 되었다. 그리고 이혼해야 하는 인생 파탄 지경에 이르게 되었다고 했다.

교회를 나가서 이런 일이 벌어졌다고 하니 남의 일 같지 않았다. 자세히 무슨 교회냐고 물어보니 기성교회가 아닌 안상홍이 세운 그리스도교회임을 알 수 있었다. 또 한 번의 충격이었다. 미안한 마음과 아픈 심정으로 그를 위로하며 이단적인 삶의 종말이 어떤 것인지 절감한다.

하나님께서 가정을 허락하신 것은 그곳이 지구상에서 가장 아름다운 교회이기 때문이다. 이 작은 교회가 튼튼하지 않으면 모든 삶이 흔들릴 수밖에 없다. 남편의 사랑과 아내의 순종이 가정에서 사라지면 바로 그곳이 지옥이 되어 그 사회는 타락될 수밖에 없다. 사탄과 이단의 무리는 오늘도 우는 사자와 같이 하나님의 작은 천국을 파괴하려고 우는 사자처럼 찾아다닌다.

27년 만의 만남이 전한 감격과 함께 가슴 아픈 소식에 마음이 상해서 그분 앞에 무릎 꿇는다.

주여!

이단에서 빠져나와 그 부부가 다시 화합할 수 있도록 자비를 베풀어 주소서…….

나의 행위와 하나님의 도우심

"마지막으로 말하노니 너희가 다 마음을 같이하여 동정하며
형제를 사랑하며 불쌍히 여기며 겸손하며 악을 악으로,
욕을 욕으로 갚지 말고 도리어 복을 빌라 이를 위하여 너희가 부르심을
받았으니 이는 복을 이어받게 하려 하심이라 그러므로 생명을 사랑하고
좋은 날 보기를 원하는 자는 혀를 금하여 악한 말을 그치며
그 입술로 거짓을 말하지 말고 악에서 떠나
선을 행하고 화평을 구하며 그것을 따르라."

(베드로전서 3:8-11)

지금까지 베드로전서 말씀에는 영적으로 자라기 위해 신령한 젖을 사모하는 태도와 가장 가까운 가정과 직장에서 실천해야 할 원리들이 앞구절까지 이어지고 있다. 이제 이웃에 대하여 불신자들에 대하여 어떻게 해야 할지를 당부하고 있다. 언뜻 보면 우리가 행해야 할 내용을 명령처럼 나열하고 있는 것 같다. 8절에서 사랑하며 9절에서는 원수의 복을 빌라는 등 우리가 실천해야 할 사항을 기술한 것처럼 보인다. 그러나 헬라어 원문에는 8절 내용이 전부 형용사로 되어 있고 9절은 분사로 되어 있다. 분사는 동사적 성격을 띤 형용사이기 때문에 8절과 9절은 모

두 신령한 젖을 사모하고 왕 같은 제사장과 거룩한 나라와 같은 사람들이 내면적으로 가지는 특징을 적고 있는 것이다. 즉 거룩과 순종의 삶을 사는 하나님의 자녀들은 당연하게 마음을 같이하여 형제를 사랑하고 겸손하며 불쌍히 여기게 되어 있다는 뜻이다. 이는 우리의 신앙이 내면에서 시작하여 밖으로 흘러나온다는 뜻이다.

그 결과 10절에 내면과 행동이 어우러져 자신을 비난하거나 모욕을 주는 사람의 복을 빌게 된다는 것이다. 이는 신령한 젖을 우리 스스로가 만들어 낼 수 없고 하늘로부터 오는 것을 먹고 마시기 때문에 가능한 일로 여기게 된다.

그러나 그것을 이루는 데 나무 밑에서 사과가 떨어지기를 기다리면 되는 것이 아니라 우리의 말과 혀를 단속하고 선한 일과 사람들 사이에 평화로운 관계를 유지하려고 애를 써야 한다. 그래서 10절과 11절부터는 원문에 명령형 동사를 써서 우리가 직접 해야 하는 것을 강조하고 있다.

이런 구절을 접하면 도대체 우리가 할 수 있는 일은 어디까지이고 하나님께서 도우심이 어디까지인지가 궁금해진다. 천주교에서는 자신이 먼저 노력하고 나머지 힘든 부분을 하나님께서 도와주셔서 완성한다고 이야기한다. 그러나 성경은 그렇게 구분 짓고 있지 않다. 오히려 그분과 나와 하나가 되어서 일하고 계신다(요 15장).

우리는 타락한 옛 습성 때문에 내가 독립해서 한 일이 무엇이고 다른 사람이 한 일이 무엇인지를 구분하기 좋아하고 비교하기 좋아한다. 그래서 심지어 하나님과의 관계 속에서도 구분 지으려고 한다. 그래서 기도 제목으로 내가 여기까지 했으니 하나님 좀 도와주십시오, 라는 청원을 자주 한다. 이런 기도가 나오는 이유는 하나님께서 우리에게 준 지혜나 능력이나 자질을 일단 받기만 하면 그 이후에는 자신의 소유로 착각하고 거기서 이루어진 결과는 순전히 자신이 했다고 믿기 때문이다. 그래서 이런 부분에 대한 감사는 지극히 적고 하나님 도움으로 자신이 할 수 없는 기적적인 일을 했을 때 환호하며 감탄사를 연발하게 된다.

그러나 조금 더 깊이 생각해 보면 이런 능력을 주신 것 자체가 기적이고 하나님의 사랑이다. 이것을 먼저 주신 것은 바로 이런 달란트를 가지게 된 것을 자발적으로 감사하게 여기고 최선의 삶을 사는 것이 하나님의 의도이시기 때문이다. 바로 우리가 하나님과 호흡을 같이하는 삶을 살기를 원하신다.

마태복음과 누가복음에 나타난 달란트 비유 역시 단순히 많이 받은 자는 능력대로 더 많이 일하라는 데 초점이 있는 것이 아니다. 창조주만이 주실 수 있는 능력을 자신의 소유로 생각하지 않고 하나님께서 하사하는 능력을 꽃피우는 반응을 통하여 그분의 솜씨와 사랑과 우리에 대한 이해가 얼마나 크고 깊은 것인지를 고백하는 것이다.

한 달란트를 받은 자가 저주를 받는 것도 주인의 요구가 자신이 원하지 않는 것이며 또한 무리한 것으로 해석하고 행동했기 때문이다. 자신이 가진 것으로 얼마든지 성공적인 결과를 얻을 수 있는데 주인은 무리한 것을 들고 와서 하라고 하니 불만스러울 밖에 없었기 때문에 땅에 묻어 둔 것이다.

성경은 우리에게 항상 기뻐하고 범사에 감사하라, 쉬지 말고 기도하라고 한다. 이것은 형용사도 분사도 아닌 명령형 동사이다. 이런 구절을 대할 때마다 내가 한 달란트 가진 자의 태도를 취하지 않는지 유의해야 한다. 왜냐하면, 명령이 힘들어 보이기 때문이다. 좀 더 나아가면 산상수훈에서 예수님께서 원수를 사랑하라고 말하신다. 이 말씀 역시 명령형 동사로 쓰여 있다.

선한 일을 하고 자신의 몸과 깨끗이 하여 수행을 통하여 덕행을 쌓는 동양의 군자를 성경은 요구하지 않는다. 군자는 자신을 갈고닦을 수 있다는 것에서 출발하지만 우리는 원수를 사랑할 수 없다는 것에서 출발한다. 그러나 한 달란트 받은 자와 다르게 우리는 주인을 불신하는 것이 아니라 주인이 함께하시면 우리는 할 수 있다는 결론을 가지고 오늘도 이웃을 만나는 것이다.

그래서 자기 자존심을 뭉개는 이웃을 만나더라도 끓어오르는 분노를 누르고 맞대응하지 않는 것은 성령께서 뒤틀린 내 심사를 바로 펴서 평안하게 대할 수 있는 힘을 주시도록 길을 열어드리기 위함이다. 성령께서는 무슨 일이든지 우리가 스스로 독립하여 자존심을 높이는 일을 원하지 않으신다. 그래서 늘 '너희가 내 안에 내가 너희 안에'라는 말씀을 하시는 것이다(요 15:7). 예수님이 가셔야 하는 것도 바로 물리적으로 예수님이 들어오실 수 없기 때문이다. 보혜사가 오셔야만 우리가 예수님보다 더 큰 일을 할 수 있는 것이다(요 14:12-17).

그 결과 나중에 그 거만한 이웃이 사과하고 돌아올 때 주님께서는 마치 우리가 다 한 것처럼 착하고 충성된 종이라고 칭찬하시며, 우리는 영광을 그분에 돌린다. 예수님은 큰일의 결과가 우리의 것으로 인정되기를 원하신다. 서로의 공로라고 높여주는 것이 바로 진정한 사랑이며 그것이 천국이기에 오늘도 예수님 오시기를 우린 마라나타를 외치며 기다리고 있다.

참진리로 가는 길

"그리스도께서도 단번에 죄를 위하여 죽으사 의인으로서
불의한 자를 대신하셨으니 이는 우리를 하나님 앞으로 인도하려 하심이라
육체로는 죽임을 당하시고 영으로는 살리심을 받으셨으니
그가 또한 영으로 가서 옥에 있는 영들에게 선포하시니라
그들은 전에 노아의 날 방주를 준비할 동안 하나님이 오래 참고
기다리실 때에 복종하지 아니하던 자들이라 방주에서 물로 말미암아
구원을 얻은 자가 몇 명뿐이니 겨우 여덟 명이라 물은 예수 그리스도께서
부활하심으로 말미암아 이제 너희를 구원하는 표니 곧 세례라
이는 육체의 더러운 것을 제하여 버림이 아니요 하나님을 향한 선한
양심의 간구니 그는 하늘에 오르사 하나님 우편에 계시니 천사들과
권세들과 능력들이 그에게 복종하느니라."

(베드로전서 3:18-22)

오늘 말씀은 이해하기 어려운 구절을 포함하고 있다. 예수님께서 십자가에 못 박히신 이후 영은 옥에 있는 영에 가서서 선포하셨다는 19절 말씀 때문이다. 이 구절 때문에 죽은 자에게도 다시 구원이 있을 수 있다는 주장이 나오게 되었다. 천주교에서 이곳을 두고 연옥이라는 용어를 만들어서 죄를

적게 지은 자들이 가는 곳이라고 하여, 지상에 살아있는 사람이 그들을 위해 정성을 다하고 간구하면 천국에 갈 수 있다고 한다. 언뜻 보면 예수님께서 옥에 있는 영들에 가서 전하신 것처럼 보인다.

그러나 만약에 사후에 구원변경이 가능하다면 신약성경 전체에 흐르는 복음 전도 명령은 설득력이 떨어진다. 그리고 입으로 시인하고 마음에 믿어 구원을 얻는다는 말씀과 영접하는 자, 그 하나님의 아들을 믿는 자는 하나님의 자녀가 되는 권세를 가진다는 말씀에 정면으로 대치된다. 또한, 오늘 20절 말씀처럼 하나님께서 오래 참고 기다리신다는 사실과 거듭난 후에 영적으로 계속 자라서 하나님의 성품에 이르는 구원의 대장정은 연옥의 등장으로 의미가 사라지게 된다. 이처럼 한 구절을 분리하여 있는 그대로 해석하는 결과가 복음서, 서신서, 계시록 전체의 주된 진리와 정면 대치하는 경우 액면 그대로 해석하는 것은 위험에 빠질 가능성이 크다.

그렇지만 성경에 이런 식의 표현이 있기 때문에 우린 성경의 절대적인 무게 앞에서 경외하는 마음으로 받아들여야 한다. 성경이 인간의 사상적 노력의 결과물로 쓰인 것이 아니므로 때로는 인간의 이해 영역을 넘어서는 부분들이 존재한다. 이런 모호하고 이해의 영역을 넘어서는 부분을 거짓 교사나 이단들은 집중적으로 과장하여 가르치며 진리를 왜곡한다. 대표적인 구절이 바로 골로새서 1장 15절 "그는 보이지 아니하는 하나님의 형상이시요 모든 피조물보다 먼저 나신 이시니라"는 구절을 놓고 예수님을 피조물이라고 주장하는 이단이 바로 여호와의증인이다. 이런 여호와의증인의 공격에 신자들 대부분의 솔직한 반응은 "예수님이 피조물이면 어떻고 처음으로 창조되면 어떤가, 난 그냥 믿고 이 세상에서 문제없이 살다가 천국 가면 되지 않는가"라고 생각한다. 그 이유는 예수님 자신보다는 예수님이 주실 축복에 관심이 있기 때문이다. 그래서 이런 신자들은 현재 자신의 삶에 큰 문제가 없으면 난 그런데 관심이 없으니 나가라고 할 것이다. 그러나 만약 그가 고난 가운데 있고 복에만 관심이 있다면 피조물이시기 때문에 "나에게 일어난 문제 하나 해결 못 하는구나"하고 이단의 속임수에 넘어가게 되는 경우가 허다하다. 이단의 집단 속에는 이전에 교회를 다녔던 사람들이 대부분이란 사실이 이를 증거해 주고 있다.

예수그리스도가 피조물이라면 우리가 믿는 것은 모두가 가짜이며 우리의 구원도 환상에 불과하다. 예수님이 창조주이시며 구세주가 아니라면 우리는 절대로 성부 하나님 앞에 나아갈 수도 천국의 문턱조차 밟을 수도 없다. 그래서 예수님이 어떠하신 분인지에 대한 확고한 지식과 믿음이 없으면 우리가 믿는 종교는 그저 여러 종교 중 하나로 전락하게 된다. 그러므로 인간이 구상하고 계획한 사상에서 출발한 것이 아닌 창조주이신 신이 계획하고 준비하신 진리에 대하여 쓰인 성경을 통하여 그분이 어떠한 분이신지를 아는 것과 무엇을 말하시고 약속하셨는지를 아는 것이 신앙의 첫 걸음이다.

그러나 이런 결심에도 불구하고 어둠의 세력은 우리가 진리를 바로 알지 못하도록 인간의 논리와 생각을 이용하여 성경을 자신들의 입에 맞게 재단한다. 그중에 가장 많이 사용하는 방법이 바로 해석하기 어려운 구절을 들고 와서 신자들을 미혹시켜 신앙의 본질보다는 껍데기에 관심을 가지도록 유도한다.

오늘 본문 말씀 역시 예수님이 영으로 가셔서 옥에 있는 영혼들에게 전하셨다는 데 초점이 있는 것이 아니라, 예수님이 불의한 우리 대신 죽으셔서 우리를 하나님 앞으로 이끄시고 선한 양심을 가지고 지속적으로 구원을 완성해 가도록 그 권세와 힘으로 오늘도 일하고 계신다는 것이다. 즉 앞 절에서 거룩한 행실과 소망을 가지고 살아야 한다고 하는 이유가 바로 예수님께서 구원 사역을 여러 가지 방법으로 해보시다 안 되어서 십자가에서 돌아가신 것이 아니라 노아의 시대까지 거슬러 올라가서 시작하셨음을 강조하기 때문이다.

즉, 노아 시대에 있었던 사건이 단순한 인간의 불순종과 하나님의 심판이 있었음을 기술하는 것이 아니라는 것이다. 거기에는 태초로부터 준비하신 하나님의 창조와 재창조의 계획이 그분의 구상 아래 있었다는 것이다. 세례가 우리가 물속에 완전히 잠겨 죄의 심판을 받는 것을 의미하듯이 노아 시대에 불순종한 자들은 홍수에 잠길 수밖에 없었다. 이는 홍해를 가로질러온 애굽 병사들 역시 완전히 물에 잠겨서 죄의 심판을 받는 것과 유사하다.

그러나 노아 시대의 방주와 모세 시대의 지팡이처럼 세례에는 다시 건져 올라오는 역사가 포함되어 있다. 바로 예수님을 통해서 죽음에서 새 생명으로 건짐을 받듯이 이 세례는 홍수 속에서 방주를 통하여 생명을 건지는 노아의 가족들과 같이 환란 가운데 있는 신자들에게 하나님의 손으로 건져 올림을 받는 역사가 있다는 것에 초점을 맞추고 있다. 그리고 그 이후에 계속해서 선한 양심으로 구원을 이루어가야 하는 과정을 내포하고 있다. 그리고 그것을 예수님의 권세로 반드시 이루고야 만다는 것이 본문의 핵심이다.

이는 예수님께서 구약성경은 나에 대하여 이야기하고 있다고 하신 말씀(눅 24:27)과 일치한다. 따라서 오늘 말씀의 핵심은 지옥으로 내려가셔서 전파하셨다는 것이 아닌 노아 시대의 홍수와 방주가 바로 예수님의 주도 아래서 이루어진 구원 사역의 그림자임을 예표하셨다는 것이다. 그러므로 옥에 있는 영들에 전하셨다는 말씀은 지금 지옥에 있는 불순종의 영들이 살아있었던 노아 시대에 예수님의 영이 노아를 통해서 전하셨다는 것을 의미하고 있다.

　물론 이런 해석이 약간 어색할 수도 있지만, 우리말에도 이런 표현이 존재한다. 예를 들어서 우리는 이순신 장군은 1545년에 태어났다는 표현을 쓴다. 태어날 때부터 장군이 아님에도 불구하고 역사학적 관점에서 나중 일을 거슬러 올라가서 표현하기도 한다. 오늘 본문 말씀 역시 지금 지옥에 있는 영들이 살아있을 때 예수님이 가셔서 전하셨다는 것이다. 즉 노아의 입을 통해서 예수님이 영으로 함께 계셔서 홍수전의 사람들에게 전하셨다는 의미인 것이다. 이런 해석을 NASB(New American Standard Version)는 지금 감옥에 있는 영으로 번역하여 이런 해석을 지지하고 있다.

　이런 관점으로 보면 연옥이니 죽은 자에게 구원에 기회가 있다느니 하는 주장은 설 자리가 없다. 성경이 이야기하고 싶은 것은 구원이 얼마나 세밀하고 정교하고 장대하게 오래전부터 계획되었고 그것을 주도하신 분이 예수님이셨다는 것이지 결코 구원을 지옥으로 내려가서 전하는 것이 주된 흐름이 아니다.

　성경 전체의 흐름을 놓치면 이처럼 성경을 구절에 치우쳐 해석하게 되고 미혹의 영으로 곁가지에 관심을 쏟게 만들어 복음이 혼란케 된다. 그러나 오늘 말씀에는 우리에게 하나님의 구원계획의 원대함과 치밀하심이 얼마나 크고 넓고 깊은지에 대한 선포가 스며들어있다. 그것은 우리가 바로 우리 가슴속에 하나님께서 만드신 사물로 채우지 않고 하나님 자신으로 채웠을 때 오는 벅찬 가슴을 동반하는 그 감격의 신비인 것이다.

모국어와 외국어

"그리스도께서 이미 육체의 고난을 받으셨으니 너희도 같은 마음으로
갑옷을 삼으라 이는 육체의 고난을 받은 자는 죄를 그쳤음이니
그 후로는 다시 사람의 정욕을 따르지 않고 하나님의 뜻을 따라
육체의 남은 때를 살게 하려 함이라 너희가 음란과 정욕과 술취함과
방탕과 향락과 무법한 우상숭배를 하여 이방인의 뜻을 따라
행한 것은 지나간 때로 족하도다 이러므로 너희가 그들과 함께
그런 극한 방탕에 달음질하지 아니하는 것을 그들이 이상히 여겨
비방하나 그들이 산 자와 죽은 자를 심판하기로 예비하신 이에게
사실대로 고하리라 이를 위하여 죽은 자들에게도 복음이 전파되었으니
이는 육체로는 사람으로 심판을 받으나
영으로는 하나님을 따라 살게 하려 함이라."

(베드로전서 4:1-6)

우리 신자들의 현실과 실제적인 삶을 비교해 보면 오늘 본문 말씀은 언
뜻 보면 와닿지 않는다. 특별히 원문에서는 죄가 그쳤다는 구절에서 완
료형을 쓰고 있기 때문에 그리스도를 안 이후 지금까지 죄가 그쳤음을 강
조하고 있다.

그런데 그리스도를 영접하고 하나님의 자녀가 되었지만 죄가 그치지 아니하고 불신자들과 별로 다른 모습을 찾아보기 어렵고 오히려 끊임없이 죄를 반복해서 짓고 있기 때문이다.

그러나 자세히 읽어 보면 모든 신자가 아닌 고난을 받고 있는 신자들이라고 조건을 달고 있다. 물론 여기서 고난이라고 함은 시험에 의한 고난보다는 시련으로 인한 고난이다. 시험에 대한 성경 말씀은 야고보서에 정확하게 기록되어 있다.

"시험을 참는 자는 복이 있나니 이는 시련을 견디어낸 자가 주께서 자기를 사랑하는 자들에게 약속하신 생명의 면류관을 얻을 것이기 때문이라 사람이 시험을 받을 때에 내가 하나님께 시험을 받는다 하지 말지니 하나님은 악에게 시험을 받지도 아니하시고 친히 아무도 시험하지 아니하시느니라 오직 각 사람이 시험을 받는 것은 자기 욕심에 끌려 미혹됨이니 욕심이 잉태한즉 죄를 낳고 죄가 장성한즉 사망을 낳느니라." (야고보서 1:12-15)

시험은 외적인 유혹과 죄를 유발하는 환경에서 오는 것으로, 시험으로 인한 고통은 순전히 자신의 욕망과 탐욕과 불경건의 결과이다. 게으름과 무절제로 인하여 육체적 건강이 망가지듯 우리의 영혼도 이런 시험을 이기지 못하면 고통 속에 절규하게 된다. 그러나 하나님의 자녀이기에 겪는 징계이기 때문에 결국은 선한 길로 인도하시기에 실제로 이런 고통 속에서 회개하며 돌아와서 의의 길을 걸어가게 하신다.

그러나 오늘 본문 말씀은 우리에게 시험이 아닌 시련 속에서 갑옷을 입기를 원하신다. 시련은 시험과 달리 죄악 속에 놓여있는 이 세상에서 하나님의 방법과 원리와 성품으로 살아가려고 할 때 발생하는 고통이다. 이런 시련은 정치적 권력이 개입될 때는 핍박되어서 수많은 신자가 집단으로 육체적 정신적 고통과 위험에 처한다. 대표적인 핍박이 로마시대 네로황제에 의해서 자행되어 그리스도인들이 원형경기장에서 로마시민들이 지켜보는 가운데 사자 밥이 되었던 사건이다. 그 이후로 오늘날까지 그런 핍박은 일부 국가에서 계속되어 오고 있다.

한편 평화 시대에는 그런 국가적인 핍박보다는 가까운 사회조직으로부터 고통을 받기도 한다. 제사를 지내는 것이 우상숭배라고 개신교단에서 선언한 것과 금주를 신자와 불신자의 경계로 삼은 수단이 되어버린 현실에서 오는 결과이다.

한국 개신교인들은 친척과 제사 문제로, 직장에서는 술을 거부한 행동에 대한 조롱과 멸시와 따돌림을 받는 고통을 겪어왔다. 그러나 최근 젊은 세대에서는 전통부정과 개인주의가 확장되면서 점점 약화하는 경향이 있지만, 그 결과는 기존의 전통과 절대적 진리를 거부하는 다원주의를 낳으면서 더 복잡한 국면에 접어들고 있다.

그러나 가장 가깝고 힘든 시련은 바로 자기 내면과의 전쟁이다.

즉 자신의 우월성을 드러내려는 경쟁심이냐 아니면 십자가를 지려고 하는 자기부정이냐의 양자택일인 것이다. 우린 매 순간순간 모든 삶의 단면 속에서 어떤 선택을 해야 하는가의 부름을 받고 있다. 여기서 경쟁심에 의한 선택보다는 자기부정에서 나온 선택을 했을 때 시련과 인내의 아픔을 겪게 된다.

우선 직장동료에 대하여 우린 자신을 부정한 사랑의 대상이라고 여기기보다는 경쟁대상으로 여긴다. 실제로 관리자로 승진하는 데 그와 나는 경쟁적 관계에 놓여있기 때문이다. 그래서 근무평점에서 그가 어떤 평가를 받는가는 나에게 중요한 일이기도 하다. 그런데 만약 상대적으로 그가 업무적으로 실적이 변변치 않은데 그가 상급자와 관계가 좋아서 자신보다 좋은 평점을 받았다면 당장 우리는 경쟁적 선택을 하게 된다. 왜냐하면, 경쟁적 선택이 우리의 모국어이고 자기부정이 외국어이기 때문이다. 모국어는 생각할 필요 없이 무의식적으로 튀어나온다.

"아니 그 xx가 나보다 더 좋은 결과가 나오다니, 이럴 수가?" 하면서 갑자기 과장과 동료에 대한 적개심이 솟구쳐 오른다. 분을 참지 못하고 과장을 찾아가서 따진다. 나는 내가 하고 싶은 말을 해서 속이 후련하다. 하지만 한편으론 불안한 후회감이 들기도 한다. 이후 직장생활이 걱정스럽기 때문이다.

그러나 동료를 사랑의 대상으로, 자신의 인품을 완성해 가는 데 도움을 주는 하나님이 보내신 선물이라고 생각하고 동료의 평가에 대하여 축하할 수 있는 마음을 품는 것은 외국어를 하는 것처럼 어렵고 힘들고 때로는 엄청난 고통이기도 하다. 왜냐하면, 외국어는 나에게 너무도 낯설고 멀게 느껴지기 때문이다. 수시로 정당하지 못한 이기적 불만을 토로하는 사원을 타일러도 개선의 여지 없이 같은 단점을 계속 반복하는 것을 지켜보는 관리자에게 인내는 모국어가 아닌 외국어이기 때문이다.

우린 하나님께서 건져내시기 전에는 오늘 본문 말씀처럼 정욕, 술 취함, 방탕, 향락과 우상숭배라는 이 세대가 사용하는 모국어에 익숙해 있었다. 그래서 우리의 반응은 불신자들이 사용하는 모국어가 더 편하고 자연스러워서 조급하고 이기적인 반응을 보여왔다. 그래서 사랑의 언어인 외국어는 불편하고 어울리지 않았다.

그러나 외국어 역시 계속 꾸준히 반복하다 보면 조금씩 진보가 있듯이 자기부정의 선택 역시 처음에는 어색하지만 조금씩 자신의 몸에 익숙해짐을 경험하게 된다. 그리고 모국어를 하게 됨으로써 언어뿐만 아니라 그 언어를 사용하는 나라의 정치, 경제, 문화, 역사, 전통, 풍습, 사회에 관하여 눈이 열리게 될 뿐 아니라 외국어를 사용하는 나라의 사람들과 친구로 사귀게 되어서 새로운 세상을 접하는 풍성함을 누리게 된다.

우린 이미 신분적으로 이중 국적을 가진 천국 백성이기 때문에 더 이상 살아남는 외국어만 구사하는 사람이 되어서는 진정한 국적 소유자가 아닌 것이다.

마태복음 산상수훈이 우리에서 낯설고 먼 나라의 외국어로만 들린다면 우린 지금도 경쟁적 사고에 의해서 살아가고 있는 선택을 하고 있다는 뜻이다. 특별히 원수를 사랑하라고 하신 말씀은 자기부정의 백미인 것이다.

이 말씀을 실천하는 것이 바로 시련 속으로 자신을 던져 넣는 것이며 죄가 그치는 것이다. 그러나 그것은 외국어처럼 우리에게 낯설기만 하다. 하지만 10년 후에도 여전히 같은 정도로 낯설다면 우린 과연 천국시민권을 가지고 있는지를 심각하게 고민해보아야 할 것이다.

본이 되는 권위자

"너희 중 장로들에게 권하노니 나는 함께 장로 된 자요
그리스도의 고난의 증인이요 나타날 영광에 참여할 자니라
너희 중에 있는 하나님의 양 무리를 치되 억지로 하지 말고
하나님의 뜻을 따라 자원함으로 하며 더러운 이득을 위하여 하지 말고
기꺼이 하며 맡은 자들에게 주장하는 자세를 하지 말고 양 무리의
본이 되라 그리하면 목자장이 나타나실 때에 시들지 아니하는
영광의 관을 얻으리라."

(베드로전서 5 : 1-4)

　세상에는 권위를 가진 자와 권위로부터 다스림을 받는 자 간에는 늘 갈등과 반목과 저항이 존재한다. 그 이유는 역시 인간의 타락에서 출발한다. 권위로부터 다스림을 받는 세대는 권위를 가진 세대에게 간섭받기를 싫어한다. 이는 인간이 하나님을 싫어하고 그 다스림을 원하지 않는 교만함과 상관이 있다. 그러나 피권위자가 말을 들었어야 했는데 라고 필요성을 깨달았을 때는 이미 되돌릴 수 없는 후회스러운 결과를 초래하게 될 것을 권위자는 알고 있다. 그래서 권위를 가진 세대는 이미 알고 있는 경험을 근거로 그 권위를 사용하여 설명 없이 권위를 행사한다. 고3 이란

중요한 시기를 쾌락과 방황으로 보내지 않도록 부모님의 대부분은 권위를 사용하여 학습에 집중할 수 있도록 환경을 조성해 준다. 고3을 어떻게 보내느냐가 인생을 좌우하는 경우가 허다하기 때문이다. 그래서 강권적으로 단속하고 간섭하여 딴 길로 빠지지 않게 한다.

물론 우리 하나님께서도 때로는 이런 방법을 쓰시지만, 그 전략과 차원이 인간에게 주어진 권위와 비교도 안 될 정도의 고도의 예술적 감각으로 우리를 만나신다. 아브라함, 요셉, 모세의 경우는 비교적 권위에 순종적인 길을 걸어가면서 신실하시고 인자하신 하나님을 경험하였다. 그러나 야곱의 경우는 일생의 대부분을 권위에 저항하며 자신의 뜻대로 살려다가 뜻하지 않는 재앙들을 맞이한다. 그래서 그는 바로 왕 앞에서 그의 인생을 험악한 세월로 보냈다고 고백한다(창 47:9). 그럼에도 불구하고 야곱은 족장으로 그의 자녀들만 이스라엘 백성이 되는 영광스러운 지위를 확보한다. 이는 어쩌면 우리 인간이 지닌 불순종의 모습을 잘 대변한 인물이 하나님의 사람으로 변화된 과정을 대표하기에 하나님의 구속 역사의 중심인물이 된 것 같다.

이처럼 하나님께서는 우리 인간을 가장 잘 이해하시고 어떻게 걸어가야 가장 최선의 길인지를 아시고 계시는 상태에서 권위를 행사하신다. 권위의 바탕에는 깊은 사랑을 깔고 있기 때문에 억지나 강제성을 띠는 경우는 드물다. 그런데 하나님으로부터 권위를 부여받은 인간에게는 타락한 품성의 흔적으로 인하여 권위를 피권위자를 조정하고 통제하려는 미묘한 의도가 있다. 겉으로는 책임과 보호라는 명분을 내세우고 심지어 사랑하기 때문이란 말을 하지만 실제로는 피권위자를 자신의 소유물로 여기고 고유한 존엄성을 흔들면서 권위를 행사하는 경우가 허다하다.

평소에는 자신의 사업과 대외적 활동에 집중하느라 자녀에게 통 관심을 보이지 않으면서 학교성적이 떨어져도 그냥 넘어간 아버지를 주위에서 본 적이 있다. 그런데 그 자녀가 명문대학에 불합격하고 중하류급 대학에 입학하자 아버지는 아들을 윽박지르기 시작했다. 이 나라에서 명문대학을 나오지 않으면 앞으로 얼마나 어렵게 살아가야 하는지 아느냐고 호통치며 꾸지람을 하였다. 그러나 아들에 대한 권위사용은 실제로 자신의 사회적 지위에 비하여 기대를 채워주지 못한 아들을 향한 분노의 폭발이었다. 만나는 사람마다 아들이 어느 대학에 들어갔느냐고 물으면 그 아버지는 쥐구멍에 숨고 싶은 심정이었다. 그런 고통을 권위로 포장하여 아들을 징계하였던 것이다. 우리 모두는 이처럼 극단적인 경우가 아니더라도 드러나지 않게 권위를 남용한 경험이 있다.

그러나 인간은 영악해서 그 순수한 권위를 오해하거나 이해하지 못하여 반발하지만, 권위가 순수하지 못한 경우는 100% 감지한다. 목사나 선교사 자녀 중에 비행 청소년이 의외로 많이 있는 경우도 다 이런 이유 때문이다. 그 권위가 진정 하나님이 주신 방법으로 사용했느냐의 여부에 따라 자녀들의 반응이 결정되기 때문이다.

그래서 하나님의 권위를 어떻게 사용해야 하는가를 성경을 통해서 배워야 한다. 오늘 본문 말씀에 나오는 '억지로'라는 부사는 원래 헬라어 형용사 '아바그카이오스'에서 유래하였다. '필요한'이란 뜻이다. 어원이 '필요한'으로 출발하여 '억지로'로 바뀐 것이다. 즉 필요한 것은 억지로라도 해야 하는 자연 이치를 포함하고 있다.

그런데 인간은 필요한 것을 하기 싫어한다. 학생은 공부를 싫어하고 직장인은 일에 싫증을 낸다. 그래서 학생들은 방학을, 직장인들은 주말이

나 휴가를 눈이 빠지게 기다린다. 또 몸에 좋은 슬로푸드는 싫어하고 패스트푸드를 좋아한다. 그런데 모든 사람이 다 그런 것이 아니라 대부분 미숙하고 철이 없고 찰나적인 것에 집착하거나 말초적 자극을 좋아하는 사람들이 이렇게 산다. 삶에서 프로인 사람들은 대개 해야 할 일을 억지로 하지 않고 꿈을 가지고 적극적이며 긍정적이며 일에 몰입하며 심지어는 즐기면서 한다.

오늘 본문 말씀에서도 사도 베드로는 장로들에게 말씀을 억지로 전하지 말라고 권한다. 즉 이제 장로 수준에 도달하면 신앙에서 프로가 될 수준이니 억지로 하지 말라고 하는 것이다. 만약 억지가 들어간다면 아직도 신앙의 초보에 머물고 있다는 증거이다. 사도 베드로는 그래서 앞장서서 구원이 이르도록 자라려면 신령한 것을 사모하라고 했다.

신령한 것이란 무슨 영적인 깊은 체험이나 입신이나 환상을 많이 보라는 뜻이 아니라 십자가 고난의 증인이란 것을 오늘 본문 말씀은 증거하고 있다. 권위를 사용하는 데 있어서 고난의 증인이 되는 것은 어떠한 것일까? 베드로는 예수님의 수제자로 기적의 증인이요 능력의 증인이었다. 자신이 물 위를 걸은 체험도 있고 병 고침과 죽음의 감옥에서 걸어 나온 기적을 체험하였기에 그는 기적의 증인이라고 할 수 있을 텐데 본문에서는 고난의 증인이라고 한다. 고난 중에 있는 성도를 위로하기 위해서 베드로전서를 썼기 때문에 자신 역시 고난의 증인이라고 한다.

고난을 이기는 것은 인내 외에 다른 길이 없다. 소망을 품은 채 환란의 끝이 옴을 믿음으로 인내하고 기다리라는 것이다. 그런데 권위를 가지면 가질수록 인내하기 힘들다. 자녀가 내 뜻과 어긋나는 행동을 할 때 우리는 즉각적으로 교정하고 싶은 충동이 앞선다. 그러나 하나님께서는 우리의 죄악된 행동에 모두 제동을 걸지 않으신다. 그랬다면 우린 아마 정신

이상자가 되었을지도 모른다.

권위를 가진 자의 인내 역시 고통스럽고 힘들다. 왜냐하면, 십자가에 나의 조급함을 묻어야 하기 때문이다. 피권위자가 권위를 무시하고 저항할 때 인내하는 것은 때로는 가시로 자신을 찌르는 아픔으로 다가온다. 그러나 인내의 무덤에 머무르는 동안 하나님의 인자하심과 신실하심을 경험하게 된다. "내가 어려서부터 늙기까지 의인이 버림을 당하거나 그의 자손이 걸식함을 보지 못하였도다"(시 37:25)라는 고백을 하게 되고 긴 세월이 흐르면서 하나님의 권위에 대한 우리의 이해가 깊어진다. 그 결과 다윗처럼 "그는 공의와 정의를 사랑하심이여 세상에는 여호와의 인자하심이 충만하도다"(시 33:5)라고 고백한다.

두 번째로 십자가에 묻어야 할 것은 우리의 말과 지식이다. 우린 어떤 것이 옳고 그름을 양심과 성경을 통해서 잘 알고 있다. 그래서 피권위자에게 바로 그렇게 하라고 지시할 수 있다. 그러나 오늘 본문 말씀은 우리가 먼저 본을 보이라고 한다. 즉 자신이 그렇게 살지 못하면서 권위를 이용하여 명령하면 그것은 사람을 변화시킬 수 없고 오히려 피권위자를 노엽게 하거나 조소의 대상이 될 수 있다는 것이다. 그런데 문제가 더욱 심각한 경우는 자신에게는 낮은 기준으로 만족하고 피권위자에게 높은 기준을 요구하고 있다는 사실을 모르는 경우이다. 사도 바울은 그래서 선 줄로 생각하는 자는 넘어질까 조심하라고 했다.

자녀들과 젊은 세대에 가장 설득력 있는 권위행사는 사도 바울처럼 아직도 자신이 이루지 못한 머나먼 길이 있음을 고백하는 것이다. 즉 푯대를 향하여 달려가는 겸손한 삶을 살아가는 모습 속에 바로 십자가의 능력이 성령님을 통하여 나타남을 기억해야 한다. 왜냐하면, 자신이 이 정도면 되었다고 생각하는 순간부터 성령 대신에 육신의 생각이 지배하기 시작하기 때문이다.

성령의 지배를 받지 않으면 그가 아무리 옳은 말을 해도 피권위자는 변하지 않는다. 게다가 나이가 들어갈수록 힘과 권위의 옷이 늘어나고 무거워지는 데 비하여 나의 영적인 성숙이 초보에 머물고 있으면 우린 권위를 남용하는 바리새인들처럼 내면은 부패해 있으면서 도덕적 위선을 가장하며 정죄와 비판을 쏟아낼 것이다.

이 죄가 얼마나 큰지 소자를 실족시키면 연자맷돌을 목에 매고 바다에 빠트리라고 예수님께서 말씀하셨다. 결과적으로 권위나 권력을 가진 자는 두렵고 떨리는 마음으로 권위를 행사해야 한다. 권위의 남용으로 인한 비참한 결과에 대한 두려움을 가져야 한다. 그러나 더 중요한 것은 권위를 아름답게 사용하여 많은 사람을 생명과 복의 길로 인도하는 풍성한 삶의 축복을 누리지 못함을 더 안타깝게 여겨야 할 것이다.

우린 겸손하게 십자가에 우리의 조급함과 자만심을 묻을 때 진정으로 자원하는 마음으로 피권위자를 섬기며 본을 보이는 삶을 살게 될 것이다. 그리고 그날에 그분께서 "넌 참 고난의 증인이었다"라고 하시며 우리의 눈물을 씻어 주시기를 기대하며 오늘 하루를 살아가기를 기도한다.

긍정적 시각과 부정적 시각

"너희 염려를 다 주께 맡기라 이는 그가 너희를 돌보심이라
근신하라 깨어라 너의 대적 마귀가 우는 사자같이 두루 다니며
삼킬 자를 찾나니 너희는 믿음을 굳건하게 하여 그를 대적하라
이는 세상에 있는 너희 형제들도 동일한 고난을 당하는 줄을 앎이라
모든 은혜의 하나님 곧 그리스도 안에서 너희를 부르사 자기의 영원한
영광에 들어가게 하신 이가 잠깐 고난을 당한 너희를 친히 온전하게
하시며 굳건하게 하시며 강하게 하시며 터를 견고하게 하시리라."

(베드로전서 5:7-10)

세상을 보는 시각은 크게 긍정적이거나 부정적인 시각의 두 종류로 나뉜다. 그래서 긍정적인 사람과 부정적 사람이 존재한다. 기질적으로 두루뭉술하고 느긋하고 태평한 사람은 주로 긍정적인 경우가 많다. 이런 사람들은 만사가 다 잘될 것이라는 기분과 결과를 미리 기대하고 살아가는 습관이 있다. 그래서 일을 쉽게 시작하거나 문제를 단순화하는 경향을 가지고 있다.

세상에서 성공하려면 가능한 한 긍정적인 생각과 습관을 가져야 한다고 흔히들 가르치고 있다. 긍정심리학이란 분야가 심리학에서 등장하고

《시크릿》이란 책에는 자신에게 긍정적인 암시를 하여 원하는 결과가 이루어지는 일종의 자기 최면을 가르친다. 그리고 문제의 장벽을 넘는 방법으로 긍정적인 생각과 습관이 핵심이라고 가르치고 있다. 더욱 놀라운 것은 기독교 안에서도 이런 책들과 사조가 팽배하고 있다는 소식이 들려온다는 것이다.

조엘 오스틴 목사가 쓴 《긍정의 힘》은 200만 부가 판매되는 인기를 누리며 불신자들과 많은 신자에게 영향을 주었다. 심지어 한국의 이름있는 목사님들이 이 책에 추천사를 쓰기도 하였다. 당연히 세상을 긍정적으로 보는 것이 부정적으로 보는 것보다 더 좋은 것이 아닐까 하는 반문이 들 것이다.

그러나 성경에 세상을 긍정적으로 보라는 이야기는 어디에도 없다. 아니 그렇게 볼 수가 없다. 왜냐하면, 세상은 아담과 하와의 죄로 인하여 피조계와 인간이 모두 죄의 영향 아래서 신음하고 있기 때문이다. 창세기 3장에서 땅은 가시덩굴과 엉겅퀴로 덮을 것이라고 하시며 피조물이 하나님의 은총에서 멀어진 모습을 그리고 있다. 또한, 로마서 8장에서도 '피조물이 다 이제까지 탄식하며 함께 고통을 겪고 있는 것을 우리가 아느니라'라고 사도 바울은 인류를 포함한 자연계가 결코 정상적인 상태가 아님을 언급하고 있다.

그래서 우리는 어느 날 어느 시간에 불행한 일이 닥쳐올지 알 수가 없다. 수많은 사람이 불의의 사고와 질병과 배신과 이별과 해고와 이혼과 불합격과 죽음 등으로 고통받고 있다. 고통은 우리가 거부하거나 무시한다고 해서 사라지지 않는다는 것을 우린 경험한다. 이런 고난과 불행한 일은 현실로 닥쳐와서 우리 속에 존재하며 우리를 실의에 빠지게 한다. 그래서 맹목적 긍정적 시각은 성경적 관점과는 본질상 큰 차이가 있다.

부정적인 기질을 가진 사람들은 대개가 분석적이며 상황판단이 정확하고 예리한 사람들이다. 이들은 문제가 크기와 심각성을 잘 알고 있기에 어떤 일을 함부로 시작하지 않고 신중하며 부정적인 결과를 우려하려 경고한다. 우리가 타락된 피조세계와 인간을 바라볼 때는 오히려 긍정적인 생각보다는 이런 부정적인 관점에서 바라보는 것이 더 정확한 진단이며 성경적이라고 할 수 있다. 이런 부정적인 진단이 우리 자신에게 적용될 때 두려움과 좌절의 늪을 경험하고 소망이 없는 자신을 바로 인식하게 된다.

그러나 우리 그리스도인들은 여기서 끝나는 것이 아니다. 오늘 본문 말씀처럼 이 소망이 없는 세상에서 받은 온갖 두려움과 걱정을 주님께 맡겨야 한다. 부정적 시각에 의한 결과로 좌절된 자신을 예수 그리스도께 드려야 한다. "수고하고 짐 진 자들아 내게 오라 내가 너희를 쉬게 하리라"고 하신 말씀이 있듯이 우리의 멍에와 고통을 모두 예수님께 맡기라고 하셨다.

여기서 조심해야 할 부분이 있다. 우리는 예수님께 맡기면 당장 문제가 해결될 것이라고 해석하기 쉽지만 실제로 우리 문제가 당장 해결되지 않는다. 문제가 해결되지는 않지만, 마음에 평안이 찾아온다. 《시크릿》에서 나오는 주문을 외워서 우리를 최면시켜 우리 문제가 해결되는 쪽으로 몰아가는 긍정심리학과는 질적으로 다르다. 긍정심리학은 주도권이 인간에게 있지만, 성경적 관점은 주도권이 하나님께 있다. 그래서 하나님의 시간표에 의해서 결국은 우리의 문제가 해결되는 것이다.

오스틴 목사의 《긍정의 힘》은 하나님을 동원하고 있지만 실제로는 주도권이 인간에게 있어 보인다. 위대한 핑크 목사님 같은 분은 살아생전 찢어지게 가난하고 교인부터 인정받지 못하고 사시다가 소천하셨다. 결국, 사후에 그분의 글이 알려짐으로써 그분의 기도는 응답된 것이다. 《긍정의 힘》은 모두 현세에서 일어나는 인간 중심의 복을 근거로 신앙적 용어를 사용하여 긍정에 초점을 맞추어 쓰인 책이기 때문에 살아생전 성공을 체험하지 못한 핑크 목사님의 삶은 어떤 면에서 실패로 여겨질 가능성이 크다. 물론 인내나 고난이란 용어를 사용하여 하나님의 때를 기다린다는 뜻으로 해석하지만, 이 시대에 성공이란 배경을 바탕으로 하고 있기 때문에 복음적 해석이라고 보기 어렵다. 오히려 더 교묘하게 진리를 흐리게 하는 결과를 초래하고 있다.

《긍정의 힘》과 성경적인 시각이 결코 함께할 수 없는 또 하나의 이유가 있다. 성경은 세상이 탄식 가운데 있기 때문에 우리 역시 깊은 좌절과 고뇌의 길을 항상 걸을 수밖에 없고 하나님께 나아가면 나아갈수록 더 깊은 죄의식으로 인하여 몸부림칠 수밖에 없는 사실을 부각한다. 그 예로 사도 바울이 노년에 자신을 죄인 중에 괴수라고 한 것은 그냥 빈말이 아니라 실제로 하나님과 더 가까이 가면 갈수록 느끼는 깊은 영성의 고백에서 나온 것이다.

한 걸음 더 나아가서 성경은 우리가 탄식과 절규에 신음하는 이웃들에 대한 고통에 깊은 연민과 동병상련의 아픔을 나누는 측은지심으로 나아가야 한다고 선포하고 있다. 물론 긍정에 힘에도 나눔이란 용어를 사용하고 있지만, 결코 승리에 도취된 긍정의 힘과는 성격적 시각은 기초와 차원이 다른 것이다. 예수님께서 나사로의 죽음에 슬퍼하시며 눈물을 흘리셨던 것을 기억해보면 그분께서는 늘 승리와 박수와 형통의 자리가 아닌 이 세상의 그늘진 곳을 찾아다니셨다. 승리자의 여유에서 나온 나눔이 아니라 그분의 삶 자체가 고아와 과부와 함께하신 삶이었다.

　그렇다고 성경적이라는 말은 결코 부정적이란 뜻도 아니다. 현실을 바로 보고 타락된 세상이란 점에서 부정적이지만 예수그리스도 안에서 세상을 바라보면 긍정적이다. 그것은 이 세상에서 오는 긍정적인 것들에 의한 것만으로 인한 긍정적인 것보다는 오히려 천국과 의를 사모하면서 돌아오는 영적인 평강에서 오는 긍정을 의미한다. 즉 보이는 세계에서 오는 어떠한 불행과 고난이 결코 우리를 자폭하게 하는 일은 일어나지 않는다는 것이다. 그 이유는 우리의 본향은 여기가 아니고 더 크고 아름다운 곳이기 때문이다. 물론 그렇다고 현실을 외면하고 영적인 것에만 매달리는 신비주의적 삶을 추구한다는 의미는 아니다. 긍정의 힘은 오로지 보이는 세계만을 염두에 두고 긍정적으로 살아가는 세속적 심리학에 근거를 두고 있기에 우리가 조심해야 한다는 뜻이다. 그리스도인들은 세상과 천국 모두를 아우르는 삶을 살아야 한다.

　어느 한쪽을 치우치게 하는 것이 바로 사탄의 전략인 것이다. 오늘 본문 말씀에 사탄은 우는 사자와 같이 두루 다니며 삼킬 자를 찾는다고 한다. 사탄에 대해 방책을 세우는 건 결코 쉬운 길이 아니다. 왜냐하면, 사탄의 공격은 어떤 규칙과 법칙이 없이 교묘하기 때문이다. 상대가 깨어 있으면 결코 옛날에 사용했던 방법을 두 번 다시 사용하지 않는다. 그래서 방법적으로 사례를 통한 사탄의 전략을 연구하거나 패턴을 찾는 것은 바람직하지 않다. 그러나 사탄의 근본적인 속임수는 우리에게 보이는 세계가 전부인 것처럼 살도록 유혹하거나 핍박을 하는 것임을 이해하고 있어야 한다.

　오늘도 수많은 사람이 먹고사는 문제에 매달려 하나님을 잊고 살고 있다. 이 보이는 세계에서 먹고 사는 문제만큼 심각한 것이 없다고 생각하고 오늘도 불철주야 모든 사람은 자기 일에 매달려 살고 있다. 악의 세력은 여기서도 하나님을 위장시켜 개인의 성취와 안전에 집중하도록 신자들의 눈을 가린다. 그리고 문제없이 평탄하고 풍파 없는 삶이 하나님의 축복이며 긍정적인 삶의 결과라고 선포한다.

그러나 예수님께서는 공중에 나는 새를 보라고 하시면서 이 세상은 보이지 않는 세계가 보이는 세계를 지배하는 것이니 "먼저 그 나라와 의를 구하라"라고 하신다. 즉 보이지 않는 세계로 눈을 돌리면 보이는 세계의 풍파에 두려워 떨었던 자신이 얼마나 어리석은가를 알게 된다는 것이다. 베드로의 혈기로는 절대로 물 위를 걸을 수 없다. 예수님을 통하여 보이지 않는 하나님 세계의 장대함과 영원함을 우리가 맛을 보아야 가능한 것이다.

오늘도 우리는 긍정과 부정의 시소 끝에 매달려 사탄의 속임수에 당하고 있지 않은지 자신을 추슬러 보아야 한다. 그것은 하나님 앞에서 바로 자신의 형편없는 의와 간악한 죄악성에 통곡하며 이웃의 아픈 상처에 동감하여 깊은 계곡으로 내려가야 하는 과정을 나 자신이 겪고 있는지 물어야 한다. 이런 자기부정으로 한없이 고뇌의 깊은 계속 끝까지 내려가야 한다. 지옥의 냄새를 맡는 경험을 할 것이다. 그러나 그 이후 다시 올라오는 긍정의 부상을 경험한다. 계곡이 깊었던 만큼 변화산을 향하여 더 높이 올라가는 경험과 함께 하늘로부터 불어오는 시원한 청풍이 심장을 관통하고 지나감을 누리게 될 것이다. 이것이 바로 십자가의 죽음과 부활이 우리 뼛속에 녹아든 증거이며 복음적인 천로역정이다. 이런 길을 신앙의 선배들 모두가 걸어갔던 것이다.

복음의 생활화

"이 구원에 대하여는 너희에게 임할 은혜를 예언하던 선지자들이
연구하고 부지런히 살펴서 자기 속에 계신 그리스도의 영이 그
받으실 고난과 후에 받으실 영광을 미리 증언하여 누구를 또는
어떠한 때를 지시하시는지 상고하니라 이 섬긴 바가 자기를 위한 것이
아니요 너희를 위한 것임이 계시로 알게 되었으니 이것은 하늘로부터
보내신 성령을 힘입어 복음을 전하는 자들로 이제 너희에게 알린 것이요
천사들도 살펴보기를 원하는 것이니라 그러므로 너희 마음의 허리를 동이고
근신하여 예수 그리스도께서 나타나실 때에 너희에게 가져다주실
은혜를 온전히 바랄지어다."

(베드로전서 1 : 10-12)

오늘 본문 말씀에서 사도 베드로는 이 복음은 선지자들이 오랫동안 연구하고 살펴본 것이라고 하고 천사도 살펴보기 원하는 것이라고 한다. 복음의 빛을 받으면 우리의 가슴은 불이 붙는다. 가슴에 불을 가진 사람은 그냥 있지 못하고 그 불을 차가운 가슴으로 옮겨야 자신이 견딜 수 있다. 즉 복음은 들은 자가 가만히 있을 수 없는 것이다. 어떤 고통으로부터 복음을 듣고 예수님을 알았든지 복음은 인간 스스로 자신을 구원할 수 없는

절대절명의 비참한 상태에 있는 자가 하나님의 손길로 건짐을 받았다는 은혜의 메시지이다. 이 메시지의 중심이 바로 메시아이신 예수그리스도이시고 이 그리스도가 하신 일과 때를 선지자들이 부지런히 살펴서 우리에게 알려 주었다는 것이다.

여기서 연구하고 살펴보았다는 것은 도를 깨닫기 위해서 깊이 명상하고 생각하는 신비적 모험이 아닌 하나님과 말씀을 갈구하고 찾았다는 뜻이다. 예수님의 오심과 죽으심과 부활, 승천, 재림은 모두가 인간이 수련과 무아의 경지에서 획득한 정신 활동의 결과가 아닌 하나님께서 자신을 드러내 주신 결과이므로 선지자들을 통해서 예언되고 말씀으로 전해진 것이라는 뜻이다.

오늘날 전도라는 말이 매우 배타적이며 너무 익숙하게 듣다 보니 그래 전도해야지 하지만 더 이상 우리의 가슴을 뛰게 하고 벅차게 하는 말은 아닌 것 같다. 그 이유는 전도에 대한 부정적인 이미지가 불신자들에게 퍼져있고 심지어 신자들 사이에도 지하철이나 길거리에서 전도하는 것을 못마땅하게 여기는 분위기가 팽배해 있기 때문이다. 이제 전도를 적극적으로 하는 세대는 아주머니나 할아버지 할머니 세대이지 더 이상 다른 세대는 전도에 대한 열정과 관심이 적극적으로 나타나 보이지 않는다. 그 이유 중 하나는 전도를 프로그램화하여 인본주의적 경쟁심리로 전파하다 보니 많은 부작용을 낳게 된 결과이다. 즉 교회 확장이나 성장의 도구로 전도나 선교가 인식되다 보니 본질은 사라지고 껍데기만 남아버렸다.

그 결과 오늘 말씀인 천사도 흠모하는 복음과 그것을 전하는 벅찬 감격에 대한 기대와 열정이 녹아있는 성경 본문을 대하여도 냉랭한 마음이 들 수밖에 없다. 조금 깨어있는 신자는 그저 죄송할 따름이라는 미안한 마음이 들 정도밖에 되지 않는다. 이상하게 시간이 지날수록 복음에 대한 깊이와 넓이가 커질수록 복음을 전하려는 열망이 강해져야 하는데 교회에는 처음 믿는 신자가 자기 뜨거움에 힘입어 전도하다가 시간이 가면 갈수록 그 열기가 식어서 전도는 그저 초신자들의 전유물이 되어 버린 느낌이 든다.

이는 복음이 영접과 예수 천당 불신 지옥에서 끝나는 것은 일부 진리만 붙들고 있을 때 나타난다. 믿음이 자라고 예수님을 더 알면 알아갈수록 이 세계를 모르는 영혼에 대한 안타까움과 아쉬움은 더욱더 커가기 때문에 전하려는 열망은 더 커질 수밖에 없다. 그래서 그의 삶에 복음 전도가 함께하게 된다. 또한, 우린 매일 만나는 낯선 사람에게 어떻게 복음을 전해야 할지 나름대로 전하려고 하는 습관과 연습을 하게 될 것이다. 그러면 만나는 사람의 시간의 길이에 따라서 1분 3분 5분 10분 30분 1시간짜리 복음을 늘 준비했다가 만나는 대상과 시간에 따라 명료하고 당당하지만 공손한 태도로 전하게 된다.

이렇게 준비를 해도 늘 예상치 않은 일이 벌어질 수 있다. 연길에서 한국으로 나오는 비행기 옆좌석은 늘 나의 전도 대상이었다. 한국이란 나라를 불안해하며 처음 출국하는 중국 동포들에게 복음은 호기심과 위안의 대상이었다. 이번에는 20대로 보이는 젊은 남자가 내 옆에 앉았다. 상대방에게 무엇이 필요한지 늘 눈여겨보던 나는 그가 한국 입국신고서를 적는데 볼펜이 없음을 알고 빌려주었다. 그러자 그는 고맙다고 하면서 받아서 열심히 썼다. 그리고 그 이후에 말을 붙여서 복음을 전하려고 하는데 도저히 내 말을 알아듣지 못하는 것 같았다. 알고 보니 항공기가 높은 고도에 올라가자 자신의 귀가 아파서 귀마개를 끼고 있는 것이었다. 복음을 전하는데 귀마개를 하고 있으니 들릴 리가 없었다. 그렇다고 귀마개를 빼고 들으라고 할 수 없었다. 이처럼 예기치 못한 상황이 발생하여 제대로 전하지 못할 때를 대비해 귀마개 대신으로 할 수 있는 물건을 사두고 비행기에 올라서 그것을 나누어 주고 복음을 전해야겠다는 생각이 들어서 그런 쪽으로 공부를 하고 자료를 찾게 되었다.

게다가 나 자신이 복음 전도하는 데 부족한 사람임을 절실하게 깨닫게 되었다. 오늘 공원에 산책하다가 눈에 들어온 어떤 분께 복음을 전하리라 마음을 먹고 준비하여 한 바퀴만 더 돈답시고 그분을 지나쳤다. 그러나 한 바퀴 돌고 왔더니 그분은 이미 떠나고 없었다. 혹시나 복음을 받아들이지 않으면 어떡하나 하는 두려움이 순간 망설이게 한 것 같다. 관계 전도에 익숙해진 내가 노방전도의 칼이 녹슬어 있음을 느낀다. 오늘 산책은 그래서 돌아오는 길이 편하지 않았다. 주님 죄송합니다, 제가 가지고 있는 모든 것을 배설물로 여기고 가장 낮은 자세로 복음을 전할 수 있도록 도와주십시오, 라는 기도가 절로 나왔다. 하늘로부터 오는 청풍의 바람에 힘입어 다음에는 담대하게 전할 수 있기를 소망해 본다. 그리고 복음에 대한 감사와 감격이 뼛속에서 흘러나오기를 기대한다. 또한, 이 일이 얼마나 기쁜 일인지 내 삶 속에서 복음이 나를 매료시키는 대상이 되기를 간절히 기도한다.

안식일과 주일

> "이는 하나님의 영광의 광채시오 그 본체의 형상이시다.
> 그의 능력의 말씀으로 만물을 붙드시며 죄를 정결케 하는 일을 하시고
> 높은 곳에 계신 지극히 크신 이의 우편에 앉으셨느니라."
>
> (히브리서 1:3)

우리는 예배를 통하여 하나님을 만나고 새 힘을 얻는다. 그래서 주일에 예배를 드리는 날은 나의 운명을 좌우하는 중요한 날이다. 주의날은 결코 안식일이 아니고 새롭게 시작하는 날이다. 이는 너무나도 명백하고 중요한 일임에도 불구하고 구약성경을 잘못 해석하여 주일을 쉬는 날로 즉 안식일로 여겨 한때는 아무것도 하지 않는 쉬는 날로 여겨왔다. 물론 인간에게 휴식이 필요하고 휴식과 충전을 같은 계열의 의미로 여겨서 안식일 안식년 등의 시간을 구분하여 의미를 부여하곤 하였다.

그러나 우리가 예배를 드리는 날인 주일은 결코 안식일과 같이 여길 수 없다. 그 이유는 안식일은 끝나는 시점이지만 주일은 시작하는 날이다. 그럼 시작과 끝이 바뀌어 나타난다면 어떤 현상이 생기는 것일까? 가장 두드러지게 나타나는 현상은 하나님을 계명의 창시자로 받아들여 우린

그 명령을 수행하는 피동적 신앙생활을 함으로써 피곤하고 고달픈 시간으로 여기게 되는 것이다.

즉 역사의 주체가 하나님의 손안에 있음을 놓치고 쉬라고 했으니 쉰다는 신앙으로 전락하기 쉽다. 이런 신앙은 또한 영적인 전쟁에서 하나님의 존재와 악의 무리에 대하여 구체적인 경험을 인지하지 못한 채 형이하학 같은 말초적인 근원에 우리의 몸과 마음이 부대끼며 살아가는 습지에 모여드는 동물의 본능에만 의지하다 보니 태생적 죗값을 치러야 하는 일에 몰두하는 삶을 살아간다. 이러한 인간의 한계를 극복하는 유일한 길은 예수님께서 앞장서시는 일에 몰두하고 따라가는 것이다. 즉 참예배를 드리는 것이다.

복음서에서 예수님께서 안식일의 참의미를 알려주셨고 우린 구약의 안식일과 신약의 주일에 대한 의미를 오늘 히브리서 말씀에서 보았듯이 하나님의 족적을 주일을 통하여 드러나는 예수님의 약속을 믿으며 앞으로 나아갈 것이다. 그 결과 우린 주일이 왜 그 주에 가장 먼저 나오는 날로 달력에 있는지를 알게 된다. 그리고 진실의 파도에 녹아든 그 호각소리에 놀라지 않을 수 없다고 고백한다. 안식일과 주일을 구분 못 하는 저의 죄를 주여 용서하소서.

창조주와 비밀번호

"그가 천사보다 훨씬 뛰어남은 그들보다
더욱 아름다운 이름을 기업으로 얻으심이니."

(히브리서 1 : 4)

창조주는 그 답과 길을 알고 있기 때문에 조합과 랜덤 작업을 하지 않는다.

즉 가장 아름다운 길을 알고 있기에 마음먹은 대로 일을 하시면 가장 아름다운 조합이 창조되는 것이다. 우린 이 길을 천연적이라고 하고 여기서 가장 위대한 아름다움에 취할 수밖에 없다.

패스워드를 만들 때 왜 8자 이상을 원하는지 살펴보자. 만약 패스워드가 두 자리라고 가정하면 영어로 특수문자를 제외하면 26(소문자)+26(대문자)+10(숫자)=62가지가 나오게 되고 62*62=3844종류가 나오게 된다. 그런데 이것을 컴퓨터는 1초 안에 풀어버린다. 엄밀하게 이야기하면 1GHz의 컴퓨터는 1개의 데이터를 처리하는데 5/1,000,000,000초 걸리게 된다고 가정하면 0.000,000,301초 안에 찾아낸다는 뜻이다.

그런데 8자리가 되면 문제가 간단하지 않다. 그 크기가 62*62*62*62*62*

62*62*62 조합이 나오게 되어서 명령어 1개를 처리하는 데 5나노초가 걸린다고 가정하면 이렇게 빠른 컴퓨터로도 12.5일이 걸린다. 이토록 우연의 경우로도 열흘이 걸린다면 운영체제가 보안을 건드린다고 해서 열흘은커녕 단 한 시간도 이런 접속을 허용하지 않아서 8자리 이상은 해킹이 이론적으로도 불가능하기 때문에 8자리를 고집한다. 게다가 특수문자까지 사용하게 되면 경우의 수가 거의 무한대에 가깝게 되기 때문에 컴퓨터로 풀어내기는 불가능해진다.

다른 각도로 이해하면은 창조론을 믿는다는 것은 패스워드를 알고 있기 때문에 조합을 이용한 접근은 할 필요가 없다는 해석을 하게 된다. 그러나 우연과 진화론을 믿고 산다면 로또 복권에 당첨될 확률보다 더 낮은 가능성을 믿고 살아가는 인생이 된다. 당연히 유전자 코드의 조합에도 우연을 적용하면 온 우주의 전자 수보다 더 많은 조합의 수를 가지게 되는 창조주의 당위성을 인정해야 한다. 매일 발생하는 사건 역시 우연이라고 하기에는 너무도 어렵기에 우연을 사전에서 지워버려야 하지만, 오늘날 이 세대는 우연과 진화론을 신봉하고 살아가고 있다.

특별히 코로나가 창궐하고 있는 지금, 하나님의 진리만이 참이심을 드러내고 있는데도 혼미해진 이 세대는 비틀거리며 방황하고 있다.

이 땅에 예수님과 우리가 온 이유

"또 그가 맏아들을 이끌어 세상에 다시 들어오게 하실 때에
하나님의 모든 천사들은 그에게 경배하실지어다 말씀하시며."

(히브리서 1:6)

오늘의 말씀은 그리스도께서 세상에 들어오심은 역사적 사실이며 신비한 생명을 가지신 분이라서 하늘과 땅을 연결하신 분이라는 것이다. 그래서 그분은 오셔야 했고 그 오심으로 우리의 구원의 길이 열리게 되었다.

우리의 사명 역시 이 땅에 우리의 의지가 아닌 하나님의 설계와 계획에 의하여 출생하였다. 그러므로 우리 하나님의 자녀는 생명을 스스로 취하는 행동인 자살을 결코 미화해서는 안 된다. 이는 하나님께서 준비하신 향연을 짓밟는 행동이며 하나님께서 주시는 창조의 기쁨을 파괴하는 행위이기 때문이다. 최근 대한민국에서 일어난 정치인들의 자살은 결코 일어나서는 안 되는 일이며 자신에게 너무 엄격해서 그런 행동을 했다는 지인들의 옹호는 참으로 위험하고 위태한 발상이다.

하나님을 알고 영광을 하나님께 돌리는 사람들은 예수님께서 이 땅에 오신 이유를 절대 망각하지 않는다. 우린 우리가 사람들에게 절실한 진

리가 녹아 들어가게 하는 경험을 나눌 수 있게 애쓴다면 결코 단 1초라도 그런 생명을 스스로 취하는 행동을 하지 않을 것이다.

최근 유튜브 열풍이 일어나 우후죽순처럼 만연한 동영상 중에는 상당히 조심해야 하는 가짜뉴스와 허황되고 황당한 내용이 있음에도 구독자가 많다는 이유로 대중적 인기를 누리는 일이 비일비재하여졌다. 특별히 코로나로 인하여 사람들이 모여서 정보를 나누던 시대가 지나가고 온라인으로 정보를 습득할 수 있는 상황이 되자 유튜브의 영향력은 날이 갈수록 강력해져서 지상파방송의 시청률이 급감하는 현실에 다다르게 되었다.

그렇다고 모두 내용이 다 허접하고 무용하다는 것은 아니다. 자신의 발전을 위해서 진정으로 필요한 내용이 금광처럼 숨어 있으니 잘만 캐어내면 엄청난 위력을 발휘할 내용이 그 안에 존재한다. 그중에 하나가 "얼떨결에 미국 명문대생 800명 앞에서 영어로 첫 강의하고 왔습니다"를 제작한 김미경 씨이다. 영어를 배우고 시작한 지 2년밖에 안 된 사람이 펜실베이니아 대학생 800여 명 앞에서 강의를 했다는 사실 속에서 우리는 그녀의 영어가 얼마나 유창한지보다 그녀가 강단에 선 지 5분 정도 지나자 그 학생들이 자신의 아들뻘로 보이더니 마음의 평정을 유지하게 되고 사랑의 눈으로 보이기 시작하자 영어를 한국말 하듯 하게 되는 자신감이 생겼다는 것을 알아야 한다. 그러면 청중들은 과연 그녀의 영어를 이해했을까 라는 의문이 들게 된다. 그런데 강의가 끝난 후 한 학생과의 인터뷰에서 그 학생은 그녀의 강의가 진심 어린 내용으로 가득 차서 아주 감명 깊게 들었다고 했다. 이는 연설 속에 무엇이 담기면 바로 감동으로 이어진다는 것을 알게 하여 준다.

그러나 항상 이야기의 결론은 어떻게 그런 일들이 가능하냐는 것이다.

작금의 유튜버들은 마치 자신들이 답을 알고 있는 것처럼 위장하지만 성령님의 도움 없이는 원수를 사랑할 수 없다. 사람들이 이런 어둠을 지배하는 세력이나 세력의 힘이 얼마나 강력한지를 모른다. 자신을 철저하게 관리할 것이라고 예상한 서울시장이나 부산시장 등이 성추행에 연루된 사실을 두고 우리 크리스천들은 어찌 그럴 수 있냐고 하지만 성경은 다윗을 통하여 우리에게 강력한 메시지를 던지고 있다.

우린 이 사건 속에 숨어 있는 어둠의 세력이 얼마나 강력한 존재인지를 알아야 한다. 성을 통하여 우린 우리의 영원성을 이어간다. 인류가 하나님께서 주신 가장 원초적인 본능인 거룩한 성을 타락시켰기 때문에 우리가 쓰는 욕설 대부분이 성에 관한 것임을 알아야 한다. 그리고 욕을 한다는 자체가 얼마나 우리의 거룩함을 망가뜨리게 하는 일임을 알아야 하고 신비한 세계로 보호하시는 하나님의 지혜를 깨닫지 못하고 이상한 생각에 자신을 가두어 부패한 삶에 대하여 마태복음 5장에 우리에게 경고하셨다.

스님들이 설파하는 언어는 인간이 만들어낸 찰나적인 산물이지 영원한 진리가 아니다. 우리는 하나님께서 우리 삶 속에서 동행하시는 경험이 나의 기적과 놀라운 감동을 일으키는 것을 알아나가야 한다. 본인은 중국어를 배운 지 1년 반 만에 중국어로 강의를 시작했다. 1998년도에 중국지역에 흩어져 있는 졸업생들이 전문 컴퓨터 용어를 몰라서 고전하고 있다는 사실을 안 나는 일부 교수라도 중국어로 된 교재와 강의가 절실히 필요하다는 것을 이미 졸업한 졸업생들에게서 직접 듣고 그해 여름방학부터 중국어 공부를 시작했다. 그리고 정확히 1년 반 뒤에 중국어강좌를 시작하게 되었다.

그로부터 약 20여 년간 중국어 강의를 계속하였다. 결코 나 자신이 무슨 언어에 특별한 재능이 있는 게 아니라 나의 진정성이 아이들에게 전달되었기 때문이다. 그런데 성경 말씀에 의하면 우린 우리 스스로 진정성을 자가발전할 수 없는 사람들이다. 인간은 하나님과 함께할 때만 가능한 일을 단독으로 가능하다고 믿거나 확신하는 사상과 철학을 바탕으로 하는 흐름이 바로 다원주의이다. 이 다원주의가 불교와 손을 잡고 우리를 미혹하고 있다.

우리는 가식과 가면을 벗고 진실된 모습으로 살기를 원한다면 하나님의 가슴과 나의 가슴을 포갤 때 일어나는 기적의 비밀을 체득해야 한다. 그러면 우리를 미혹하는 영으로부터 자유로워질 것이다. 과연 제일 가까운 이웃인 가족을 어떻게 대하고 있는지, 과연 그런 모습으로 살아가면 무덤으로 들어갈 때 후회 없는 길을 걸어왔는가를 떳떳하게 내세울 수 있는지를 매 순간 물으며 살아야 한다. 그리고 예수님께 오신 이유와 동시에 우리가 이 땅에 온 이유를 성경은 증거하고 있다.

기독교의 진리

"하나님께서 어느 때에 천사 중 누구에게 너는 내 아들이라
오늘 내가 너를 낳았다 하셨으며 또다시 나는 그에게 아버지가 되고
그는 내게 아들이 되리라 하셨느냐."

(히브리서 1 : 5)

기독교와 기타종교와 가장 큰 차이는 절대자와 신자가 어떠한 관계인 가라는 사실에 달려 있다. 즉 하나님과 우리 사이에 깊은 관계가 있다는 것이다. 기타종교는 절대자와 신도 사이에 아무런 관계가 없다. 지난번 강해에서 우린 피조물이나 사건이 일어나는 가능성이 얼마나 희박한가를 살펴보았다. 상상할 수 없는 조합 가운데서 탄생한 생명이나 사건이 얼마 나 아름답고 귀한 것인지를 패스워드를 예를 들어서 묵상해보았다. 우리 가 낳아주신 부모님과의 관계를 부정할 수 없듯이 마찬가지로 하나님과 의 연계 역시 유일하게 맺어진 인연인 것이다.

불교는 범신론의 한 가지로 모든 사물이 신이기 때문에 모든 사물이 진 리이고 답이라고 설파하면서 자신들은 성경도 인정하고 심지어 믿기까 지 하면서 포용성을 강조한다. 그러나 그것은 패스워드를 몰라서 헤매고

있는 컴퓨터 사용자에 불과하다. 그들은 정답인 예수님을 만나지 못해서 겉도는 삶을 살고 방황하는 방랑자에 불과하다. 정답을 모르면 반응은 둘 중 하나이다. 모두 부정하든지 아니면 모두 긍정 이 두 가지뿐이다. 그러나 자신감이 없을 때는 오히려 긍정 쪽으로 답을 하게 된다. 기독교가 편협한 것이 아니라 기독교는 패스워드란 예수님을 알기에 하나님께 나아가는 유일한 길임을 잘 알고 있기에 진리 접근에 있어서 우연이란 조합을 의지하는 불교와 다른 접근을 할 수밖에 없다.

그래서 불교는 찬불가, 불경 공부, 부흥 법회 등등 용어를 사용하고 있다. '불'자나 '법'자를 '성'자로 바꾸면 바로 기독교에서 널리 사용하는 사물이나 활동이 되는 것이다. 이들은 창조보다는 모방할 수밖에 없는 태생적 한계를 가지고 출발한다. 그러나 불교가 요즈음에는 종교가 아니라고 적당하게 포장한 수행이란 용어를 쓰면서 종교독립을 선언하여 수행이란 미명 아래 현대사회에 발생하는 인간적 문제에 뛰어들어서 상담과 설법을 통하여 세상에 메시지를 주고 있다. 기독교가 종교화되는 것을 우려하고 있는데 불교가 이번에는 종교독립을 선언하여 확장성과 포용성에 기름을 붓고 있다.

대표적인 인물이 바로 법륜스님이다. 물론 법륜스님의 해법이 다 문제가 있다는 말은 아니다. 팝캐스트가 발달하면서 개인의 사상과 생각이 인터넷을 통하여 이른바 N세대를 융단 폭격하면서 이런 강의나 상담이 설득력 있게 만연되고 있다는 사실이다. 더구나 그 수행자들 가운데는 교회를 나가지 않는다는 생각을 가진 기독교 신자들이 상당수 있다는 현실이 마음 아프다. 예를 들어서 법륜스님의 결혼관은 동업자관이지만 기독교는 결혼은 성화의 훈련장이다. 그의 주장은 관점을 바꾸면 모든 문제가 해결되는 것처럼 이야기하지만 관점을 바꾸기가 힘들어서 상담을 하러 왔는데 바꾸라고 하면 바뀌는가를 설명할 수 없다. 왜냐하면, 기독교의 인간관은 타락을 근간으로 하기 때문이다.

기독교 가치관과 세계관이 제대로 한국교회에 뿌리를 내리지 못하고 예수천국 불신지옥이라고 외치는 사이에 불교와 신천지 같은 이단들이 설쳐대고 있는 작금의 현실에 개탄하고 있다. 하도 이런 이단들이 정리가 안 돼서 하나님께서 직접 코로나바이러스를 허용하지 않았나 조심스럽게 묵상해 본다.

이 어지러운 세상 중에 우리 삶의 유일한 소망이신 예수그리스도가 유일한 패스워드가 될 때 샛별처럼 빛나는 우리의 삶이 되기를 오늘도 기도한다.

궤도 속에 숨은 하나님의 복

"천만인이 나를 에워싸 진 친다 하여도 나는 두려워하지
아니하리이다 여호와여 일어나소서 나의 하나님이여 나를 구원하소서
나의 하나님이여 나를 구원하소서 주께서 나의 모든 원수의 뺨을 치시며
악인들의 이를 꺾으셨나이다 구원은 여호와께 있사오니
주의 복을 주의 백성들에게 내리소서."

(시편 3:5-8)

하나님께서는 우리와 상관없이 그분의 건재하심을 드러내실 수 있으시
다. 즉 태양계의 중심에 있는 태양처럼 자신의 주위를 돌고 있는 행성이
몇 개 사라진다고 해도 그 중심을 잃지 않고 영원하게 그 자리를 유지할
수 있다. 그러나 그 행성들이 포기되지 않고 오히려 적절한 거리를 유지
하며 별이 되어 반짝인다. 그리고 생명의 근원이 되는 빛을 보내서 지구
상의 생명을 유지하게 하는 것을 보면 태양의 존재는 하나님의 존재를 가
장 적나라하게 드러내는 증거인 것이다.

오늘 시편 말씀은 천만인이 둘러싸도 두려워하지 않는 다윗이 하나님
의 위대하심을 몸으로 느끼며 평생을 하나님과 함께한 흔적을 남긴 사건

이다. 자신의 아들인 압살롬의 역모에 몸이 쫓기는 위기의 순간에도 하나님의 원심력이 자신을 돌보고 있다는 사실을 태양계를 돌고 있는 행성들의 궤도 속에 포기하지 않는 하나님의 모습을 발견하게 된다. 다윗은 홀로 무관심하게 존재하시는 하나님이 아니라는 것을 알고 있었기에 천만이 둘러싸도 두렵지 않음을 고백하게 되는 것이다.

지구가 궤도를 벗어날 수 없듯이 우리의 적도 하나님을 멀리할 수 없다. 우린 궤도가 확실한 인생이며 우리의 복은 취소될 수 없다. 우리의 기도는 궤도와 복속에 내재해 있다. 불안과 불신은 궤도 밖을 벗어날 것이란 두려움 때문이다. 걱정과 근심이 엄습할 때마다 궤도를 벗어나지 못하게 하는 하나님의 손길을 느껴보자.

아비와 아들이 왕위를 놓고 다투어야 하는 인간의 얼룩진 가정사를 뒤집어 놓으시며 십자가의 고통을 그대로 짊어지신 예수님의 구원사는 우리를 더 이상 방황의 그늘에 가리지 않게 하시고 우상의 껍질을 깨뜨리고 나와 빛의 세계로 나오게 한다. 죄가 더하는 곳에 은혜가 넘치듯이, 어둠이 깊을수록 빛의 존재가 더욱더 귀하듯이 우린 실패와 어둠은 하나님의 숨결로 나아가는 이정표임을 고백한다.

그래서 우린 일어설 수 있고 좌절 가운데 새로운 희망을 뼛속 깊이 느끼며 사는 기쁨의 아이러니를 체휼하며 사는 하나님의 사람인 것이다. 그러므로 우린 더욱더 영원한 것에 마음을 두고 사는 천국 시민인 것이 자랑스러울 수밖에 없다.

그릇된 시각

"많은 사람이 나를 대적하여 말하기를 그는 하나님께 구원을 받지
못한다 하나이다 (셀라) 여호와여 주는 나의 방패시요 나의 영광이시요
나의 머리를 드시는 자이시니이다 내가 나의 목소리로 여호와께
부르짖으니 그의 성산에서 응답하시는도다 (셀라) 내가 누워 자고
깨었으니 여호와께서 나를 붙드심이로다."

(시편 3:2-5)

  시편에서 다윗의 적들은 다윗이 구원을 받지 못했다고 조롱하였다. 만
약 그것이 사실이었다면 다윗의 신세와 처지는 가장 비참했을 것이다. 온
갖 고초를 받고 구원도 받지 못한다면 가장 불쌍한 인생이 되기 때문이
다. 그러나 이것은 사실이 아니다. 신을 바라보는 인간의 가장 보편적인
태도는 불행한 일이 발생하면 죗값을 받는 것이라고 손가락질하는 행동
이다. 욥의 친구들은 이런 생각에서 벗어나지 못하고 잘못된 충고로 오히
려 욥을 괴롭게 하였다. 하나님께서 출현하셔서 잘못 충고하는 욥의 세
친구를 오히려 꾸짖으시고 사과하라고 하신다.
  욥의 친구들은 기독교의 하나님을 잘못 이해하고 있는 점이 문제의 발

단이기도 하지만 오히려 친구에 대한 강한 도덕적 우위에 대한 반발심리나 윤리적 열등감의 발로에 의한 것이기에 독설이 섞인 충고를 한 것이 아닌가 싶다. 욥기 4장에서 친구인 엘리바스가 "보라 네가 여러 사람을 훈계하였고 손이 늘어진 자를 강하게 하였고 넘어진 자를 말로 붙들어 주었고 무릎이 약한 자를 강하게 하였거늘 이제 이 일이 네게 이르매 네가 힘들어하고 이 일이 네게 닥치매 네가 놀라는구나."라고 말한다. 한마디로 큰소리치며 잘난 체하더니 꼴좋다는 식의 충고이다. 만약 계속해서 같이 슬퍼하고 위로의 말을 했더라면 욥의 답변은 달라졌을 것이다.

권력의 갑질

"여호와여 나의 대적이 어찌 그리 많은지요
일어나 나를 치는 자가 많으니이다."

(시편 3:1)

시편 3장은 다윗이 아들 압살롬에게 쫓기면서 지은 시이다. 왕이 되기 전에는 사울에게 쫓겨 다니며 생명의 위협을 느꼈다. 다윗의 생애는 끝이 없는 추격전에 휘말린다. 실제로 다윗이 스스로의 운명을 개척할 수 있었으나 그는 하나님을 의식하고 사울을 죽이지 않는다. 그리고 하나님께서 허락하시는 시간을 기다린다. 20대의 나이가 믿어지지 않는 정도로 인내와 순종의 극치를 연출하기에 우리는 부끄러움과 부러운 마음이 든다.

그러나 이러한 그가 밧세바에 의하여 넘어진다. 물론 다윗은 그리스도의 모형과 화살표이기에 우리는 모든 초점은 그리스도에게 맞추어져야 한다. 즉 인간은 죄에 허약하고 유혹에 연약하기 때문에 매 순간 그리스도를 의지해야 한다. 성경은 "예수님을 제외하고 모두 죄로부터 자유롭지 못하기 때문에 신뢰해서는 안 된다"라고 한다.

Me too 운동이 불길처럼 번져가고 있다. 거의 모든 분야에서 이런 범

죄가 일어났으며 가해자가 각 분야의 최고 권위자란 점에서 엄청난 충격을 안겨주었다. 다윗이 간음과 살인죄를 지을 거라고 주위 사람들이 상상하지 못했듯 마찬가지로 들어서 아는 지도자 이름이 밝혀지자 국민은 분노하였다.

그러나 어찌 그럴 수가 있는가라고 반문하는 것에는 신중한 해석이 필요하다. 유력한 대선후보이며 현재 도지사를 하고 있는 인물이 입으로는 Me Too를 해야 한다고 외치면서 같은 날 비서를 성폭행했다는 사실에 백성들은 분노하고 있다. 자기 양 대신에 가난한 사람의 양을 빼앗아 손님 대접을 하는 어느 부자 이야기를 선지자 나단으로부터 듣자마자 다윗은 그런 놈은 죽여야 한다고 흥분한다. 자신은 간음과 살인죄를 저지르고도 깨닫지 못하는 것이 인간이다.

넓은 의미에서 우리 모두가 예수님을 죽인 살인자이다. 그래서 어느 누구도 정죄할 권리가 없다. 그리고 우리 자신도 연약하여 그 상황에서 그런 죄를 지을 가능성이 있다는 사실을 명심해야 한다. 그러나 그 죄악은 미워해야 하고 몸서리치게 거부해야 한다. 그런데 문제는 철저하게 회개하고 반성해야 할 가해자가 진실되지 못한 반성을 해 피해자들이 분노하고 있다.

인간은 힘을 가지려고 몸부림치지만, 힘과 권력이 주어지는 순간부터 무서운 책임이 따라온다는 사실을 망각한다. 그리고 권력을 사유화하고 초법적인 행동으로 각종 불법을 마구 저지른다. 성경에는 모든 권위가 하늘로부터 온다고 했다. 그리고 주어진 권력으로 부하들을 위협하지 말 것을 당부하고 있다.

다윗의 죄는 힘을 사유화하여 권력을 남용한 죄가 더 크다. 권위와 힘이 하늘로부터 오는 점을 명심한다면 지은 죄가 얼마나 심각한지를 알아야 한다. 다윗은 이 죄로 인하여 아들을 잃고 아들의 반역으로 피신해야 하는 수모를 겪는다.

약자를 사랑하시는 하나님의 마음에 반하는 행동은 처참한 결과를 맞이할 것이다.

피신의 대상

"그런즉 군왕들아 너희는 지혜를 얻으며 세상의 재판관들아
너희는 교훈을 받을지어다 여호와를 경외함으로 섬기고 떨며
즐거워할지어다 그의 아들에게 입 맞추라 그렇지 아니하면
진노하심으로 너희가 길에서 망하리니 그의 진노가 급하심이라
여호와께 피하는 모든 사람은 다 복이 있도다."

(시편 2:10-12)

통치자가 지혜와 판단력을 어디서 구하느냐에 따라서 결과가 확연하게 달라진다고 성경은 증거하고 있다. 대부분의 시편은 다윗에 의하여 쓰였고 사울은 시편에서 다윗의 반면교사로 등장한다. 즉 지혜와 교훈을 얻으려고 노력하지도 않고 입맞춤도 없이 하나님의 품 안으로 피신하지도 않았다.

사무엘은 출생 전부터 한나의 기도로 출발한다. 즉 아기가 탄생하기도 전에 기도와 하나님의 구상에 따라서 생명이 탄생하게 된다. 어떤 생명도 우연히 태어나지 않는다. 역사를 간섭하시고 주관하시는 하나님께서는 약속을 지키셔서 라헬에게는 요셉을, 한나에게는 사무엘을 허락하신다.

그리고 이 두 인물을 형통하게 하신다. 끝까지 책임져 주셨다. 이런 면에서 유아세례가 의미가 있는 것이다.

그렇다고 일방적인 편애는 아니다. 노예와 감옥이라는 무대를 마련해 주셔서 유혹과 고난을 통과하게 하신다. 그러나 사울은 집 나간 소를 찾으러 나섰다가 사무엘을 만나서 바로 왕이 된다. 우리는 초고속 승진을 좋아하지만, 사울의 삶과 죽음을 통하여 고난 없는 신앙의 위험을 깊이 깨닫게 된다.

고난을 찾아다닐 필요는 없지만, 하나님께서 허락하신 고난을 피해 다니다가 사울과 같은 비참한 최후를 맞이하지 말고 늘 하나님의 품으로 피신하는 신앙이 되기를 간절히 바란다.

극단적 선택

"또 천사들에 관하여는 그는 그의 천사들을 바람으로, 그의 사역자들을
불꽃으로 삼으시느니라 하셨으되 아들에 관하여는 하나님이여 주의
보좌는 영영하며 주의 나라의 규는 공평한 규이니이다 주께서 의를
사랑하시고 불법을 미워하셨으니 그러므로 하나님 곧 주의 하나님이
즐거움의 기름을 주께 부어 주를 동류들보다 뛰어나게 하셨도다 하였고
또 주여 태초에 주께서 땅의 기초를 두셨으며
하늘도 주의 손으로 지으신 바라."

(히브리서 1 : 7-9)

　사람들은 위기에 처하면 위기를 모면해줄 것 같은 대상을 찾거나 부르
짖는다. 문제는 창조주를 찾지 않는다는 것이다. 문명과 과학이 발달하
면서 인간은 보이지 않는 절대자보다는 보이는 세계로 판단하게 된다. 그
러나 그런 문화의 종착역은 비참해진다. 즉 극단적 선택을 한다. 자신을
창조하신 창조주를 욕보이는 행동이 바로 극단적 선택이다. 극단적인 선
택은 불법이고 하나님께서는 이 불법을 미워하신다고 성경은 증거한다.
　인본주의자들은 동성애에 관대하고 극단적인 선택에 대한 연민의 정
을 드러내고 그 인물을 그리워한다. 그러나 성경은 분명하게 가증한 죄

임을 말해주고 있다.

극단적 선택이 문제가 되는 것은 자신을 이 땅에 보내신 이의 거룩한 뜻을 저버리고 죽음을 미화하기 때문이다. 죽음은 모든 것을 정지시켜버리는 잔인한 결과를 가져올 뿐 아니라 살아서 아름다운 열매를 맺어 사람들에게 나누어 주어야 할 영적 물리적 기회를 빼앗아 버리기 때문에 결코 미화되어서는 안 되는 극악한 죄이다.

오늘 말씀은 우리가 고개를 돌리는 순간은 우상이 눈에 들어온다. 때로는 이런 우상이 우리를 파괴하고 있는데도 우상을 걷어내기보다는 오히려 우상에 매료되어 자신의 정체성마저 잃고 우상의 노예가 되어버린다.

수년 전에 어느 중학교 교사가 노름에 빠져서 판돈을 잃게 되자 자신의 남학생 제자를 유괴한 뒤에 암매장한 충격적인 사건이 발생한다. 더욱더 충격적인 일은 암매장에 자신의 다른 여학생을 동원하여 극악무도한 일을 저질렀다는 것이다. 그 교사는 잘생기고 매너 있는 행동으로 학교에서 여학생들 사이에 인기가 많았던 교사였기에 그중에 몇몇 학생을 골라서 성관계를 한 뒤에 자기 말에 복종할 것을 강요했다. 학생들은 자신의 우상에게 선택되었다는 우월감에 사로잡혀 무슨 일이든 시키는 대로 하게 되었다. 심지어 같이 죽자고 그 교사가 권하자 실제로 수면제를 40알을 입에 털어 넣는 어리석은 행동을 하기도 한다. 정도의 차이는 있지만 이처럼 우상은 우리의 삶을 파괴하고 있음을 우린 알아야 한다.

인간이 만든 종교는 악과 죄를 비워야 한다고 주장한다. 그러나 기독교 진리는 하나님 말씀으로 채워나가야 한다. 비우기는 힘든 수련의 과정이다. 마르틴 루터는 이 고통스러운 비움의 과정은 인간의 만든 족쇄이지 결코 진리로 향하는 지름길이 아님을 깨닫는다. 진리로 채우는 것이 바로 복음이며 이것만이 우리를 그 진리로 자유롭게 할 것이다.

요즈음 극단적 선택을 하는 사람들이 미디어에 오르내린다. 어떤 미디어는 이런 행동을 영웅시하고 산 사람들에게 굴욕감을 안겨준다. 분명하게 알아야 할 사실은 우리의 생활전선에서 그들을 용감하게 목숨을 구걸하지 않는 용맹한 전사가 아니라 싸우기를 포기한 탈영병임을 알아야 한다. 특별히 우리 크리스천에게는 자연사와 함께 오직 순교만이 허용된 삶임을 명심해야 할 것이다.

원숭이 복제

> *"어찌하여 이방 나라들이 분노하며 민족들이 헛된 일을 꾸미는가*
> *세상의 군왕들이 나서며 관원들이 서로 꾀하여 여호와와*
> *그의 기름 부음 받은 자를 대적하며 우리가 그들의 맨 것을 끊고*
> *그의 결박을 벗어 버리자 하는도다."*
>
> *(시편 2:1-3)*

"세상의 군왕이 여호와의 기름 부은 자를 대적하며 맨 것을 끊고 그의 결박을 벗어버리자 하는도다"라고 인간의 독립을 향한 처절한 몸부림을 성경은 증언하고 있다. 결박이란 과연 무엇일까? 이는 인간사에 관여하시는 하나님의 간섭이시고 지혜이시다. 인간을 가장 잘 아시는 하나님께서 내려주신 자비로운 손길임에도 불구하고 어리석은 인간들이 그 품을 벗어나 자신의 욕망이 이끄는 대로 살아가려는 죄악된 선택을 하고 있다는 사실을 성경은 고발하고 있다.

결박을 풀어서 육신의 정욕대로 살려고 하는 시도는 바벨탑의 건설과 모세가 자리를 비운 사이에 벌어진 금송아지 숭배 연회는 성경 속에 등장하는 대표적인 사건이다.

과학의 발전은 인간을 단순노동에서 해방시켜 좀 더 편리하고 안락한 삶을 누리게 하였다. 그러나 도를 넘어선 연구와 개발은 하나님의 영역까지 침범하여 그 결박을 벗으려 하고 있다.

며칠 전에 유명한 저널인 〈셀〉에 개재된 연구 결과는 사람들에게 충격을 안겨주었다. 중국에서 원숭이 복제에 성공하였다는 소식이다. 왜 충격적이냐 하면은 인간과 가장 유사한 동물이 원숭이이고 원숭이 복제에 성공하였다면 인간복제의 가능성이 커졌기 때문이다. 이제 불순한 세력이 어떤 악한 의도를 가지고 복제인간을 대량으로 만든다면 인류는 걷잡을 수 없는 혼란에 빠지게 될 것이다.

한편 유전자 조작과 줄기세포기술은 인공장기를 생산하여 영원히 죽지 않는 진시황제의 불로초를 시뮬레이션할 것이다. 이 기술은 로마서 3장 23절인 "죄의 삯은 사망이요"라는 구절을 부정하며 이 땅에서 영생을 구가할 것이다.

인간의 탈결박 행위는 날이 갈수록 고도화되고 교묘해져서 판별이 어려워질 것이다. 그러나 성경은 이러한 행위가 헛된 것이라고 분명히 말하고 있기에 우리는 한 치의 흔들림 없이 살아갈 수 있는 것이다. 우리의 혼과 영은 부활되어야 할 육신과 함께하고 있지 결코 복제인간으로 이동하지 않을 것이다. 그리고 부활을 믿기에 새 장기로 계속 갈아 끼우며 수명을 끝없이 연장하는 비신앙적인 선택은 결코 하지 않을 것이다.

우리는 우리와 생각과 선택을 같이하는 신앙공동체를 주신 주님의 배려에 감사하며 이 혼탁한 시대를 헤쳐나가고자 한다.

공학도가 만난 하나님

초판 1쇄 2022년 6월 20일

지은이 김동일
발행인 김재홍
교정/교열 김혜린
디자인 현유주
마케팅 이연실

발행처 도서출판지식공감
브랜드 비움과채움
등록번호 제2019-000164호
주소 서울특별시 영등포구 경인로82길 3-4 센터플러스 1117호 (문래동1가)
전화 02-3141-2700
팩스 02-322-3089
홈페이지 www.bookdaum.com

가격 15,000원
ISBN 979-11-5622-392-4 03230

비움과채움은 도서출판지식공감의 임프린트 출판입니다.